Ⓢ新潮新書

有馬哲夫
ARIMA Tetsuo

歴史問題の正解

JN152663

682

新潮社

まえがき

本書は日本、アメリカ、イギリスの公文書館や大学図書館などで公開されている第一次資料に基づいて歴史的事実を書いたものである。そのため出典を明らかにするために巻末に詳細な註釈を付けた。これによって私が何を根拠にして歴史的事実と考えているのかがわかる。

したがって、読者による反論も可能である。私が事実誤認していたということが証明されてしまうかもしれない。歴史的事実がより明らかになるならば、それはいいことである。歴史を議論するとき、根拠を示すということは重要である。これがなければ、歴史を巡る議論はただの言い合いになり、水掛け論になる。

中国や韓国やロシアの反日プロパガンダは根拠を示さない。言いっぱなしだ。それを示せば、嘘であるか、論理が破綻していることが露見するからだ。これらのプロパガンダに対抗するためにすべきことは、歴史的資料に基づき根拠を示すことだ。決して、相手をとりあえず欺いておくために、でっち上げをしたり、都合の悪いことを隠したりすることではない。それらは新たなカウンター・プロパガンダを招くだけで、第三者的立場の人々からも顰蹙《ひんしゅく》を買うことになる。

第一次資料が明らかにする昭和史は、私たちが教育の場で教えられてきたものとは、幸いにしてかなり違う。南京で多くの中国人が死んだ責任は、日本軍よりも国民党軍の方にあった。真珠湾攻撃は騙し討ちなどではなかったし、原爆投下もアメリカが主張するように正当化できるものではなかった。日本は「日本の降伏条件についての公告」という正式名称のポツダム宣言を受け入れて降伏したのであって、無条件降伏したのではなかった。ヤルタ会議やポツダム会議では戦後秩序を形成するような合意は、ほとんどなされなかった。少なくとも、この時なされた合意は、北方領土や竹島や尖閣諸島に日本が有する主権を否定できるようなものではなかった。

日本は外国から見てきわめて異常な国である。先の戦争が現在の日本の在り方に計り知れない影響を与えたことは論をまたないが、日本人は占領中にアメリカが押し付けたいわゆる「教育改革」によって、この戦争を自国の側からではなく、敵国だったアメリカの側から見ることを強いられてきた。そのため先の戦争のことを「大東亜戦争」、すなわちアジアから西欧諸国の植民地支配を排除し、アジア人のための共栄圏を築くための戦争ではなく、「太平洋戦争」、すなわちヨーロッパと太平洋の両方で戦ったアメリカ軍の戦争のうち太平洋地域のもので、ファシズム国家日本に侵略されていたアジア諸国をアメリカが解放した戦争と見るよう教育されてきた。

前述の国々で公開されている第一次資料を読んで私が持つ感想は「日本人は、自分たちが思っている以上に先の戦争について議論できる正当な権利を持っている。口を極めて日本を非難する国に対して、十分な歴史的資料に基づいて反論ができる」というものだ。日本人は国際社会において、とくに東アジアの国々に対して、もっと胸を張って自らの主張を述べるべきなのだ。そのための確認作業を以下の章から始めよう。

（本文中、西暦一九〇〇年代に関しては原則として「一九」を省略して表記することとする）

歴史問題の正解　　目次

第1章　「南京事件」はプロパガンダから生まれた

世界記憶遺産登録は中国にとっての試練

二〇一五年一〇月九日、「南京大虐殺文書」なるものがユネスコ世界記憶遺産に登録され、物議をかもした。マスコミは「外交敗北」とか「外務省の失態」などと書きたて、菅義偉官房長官などもユネスコへの拠出金の停止などに言及した。

しかし、それほど悲観的に受け止めるべきことだろうか。たしかに、ユネスコを自国のプロパガンダに利用することは許しがたいが、かの国は世界で信用が高い国かというと、決してそうではない。知り合いの欧米人も「中国の外交はパンダとプロパガンダしかない」とウィンクしながらいう。教えている留学生（かの国から経済的援助を受けている途上国から来ている）も、中国を信用しているかと聞くと、ごまかし笑いをする。

世界の人々は日本と中国の仲が悪いことをよく知っている。地政学的にそうならざるを得ないことも承知している。だから、「南京大虐殺文書」の登録に成功しても、大国の威勢をかさにきて、中立であるべき国連機関を私し反日プロパガンダをやっていると不快に思っている。そもそも現在の中国を建国した中国共産党は、南京で日本軍と戦っておらず、したがってこの事件の直接の当事国ではない。共産党軍は日本軍に追い回されて散り散りになっていた。日本軍と戦っていたのは蔣介石率いる中国国民党軍であり、この事件の当事国は中華民国つまり、現在の台湾になる。

むしろ「南京大虐殺文書」の登録で、中国は今後試練にさらされることになるだろう。インターネット時代では、情報発信したことがネットにそのまま残るので、世界の人々が時間がたつうちにプロパガンダと歴史的事実との乖離《かいり》に気付くようになれば、この登録が逆にマイナス要因となって中国のイメージを永続的に悪化させていく。

あのエイブラハム・リンカーンもいっている。「多くの人々を短い間だますことはできる。少ない人々を長い間だますこともできる。だが、多くの人々を長い間だますことはできない」。アメリカの政治学者ジョセフ・ナイも述べている。世界の人口の半分以上がインターネットを使う時代では「プロパガンダと思える情報は軽蔑されるだけでなく、それがその国の信頼性を損なうなら、むしろ逆効果だとわかるだろう」[1]

私たちが、今、改めてすべきことは、「南京事件」についての歴史的事実を再確認し、認識を深めておくことだ。実は、あとで詳しく見る歴史的経緯のなかで、この事件についての私たちの認識は、占領軍の心理戦によって、意図的に、構造的にゆがめられてきた。そこで、まずは、日本人は占領軍によって、どのように、この事件について「知らされる」ようになったのか、彼らはそこにどんな意図をもっていたのかを述べよう。

そののち、イギリス人などの中立的な立場から見たとき、この事件はいったいどのようなものとしてとらえられるのか。ともすれば三〇万人かそれ以下かという、犠牲者数の議論になりがちだが、本当の問題点はどこにあるのかについて述べたい。

日本人は占領軍によって「知らされた」

三七年七月七日の盧溝橋事件以降、日本が中国で戦線を拡大していったとき、日本の新聞はこぞって日本軍の大勝利を報道した。南京攻略戦に関しても、同年一二月三〇日の朝日新聞は「南京本防禦線攻撃より南京城完全攻略に至る間敵に与へたる打撃は既にその一部を発表せるもその後詳細なる調査によれば遺棄死體のみを以てするも八萬四千の多きに達しこの間我が軍の被れる損害は戦死傷者合計約四千八百名あり」と大勝利を報じている。

この当時、そして先の戦争が終わるまで、この南京攻略戦の前後に起こった「虐殺事件」などとりあげる雰囲気ではなかった。日本が対米戦争に敗れ、連合国軍の占領を受けるようになって初めて、一般の日本人は「南京事件」について「知らされた」のだ。しかも、それをしたのは占領軍のCIE（民間情報教育局、日本のメディアと教育の改造を担当したGHQの部局）だった。CIEは、四五年九月二二日、敗戦後の日本人に対する、いわゆる「ウォー・ギルト・インフォメーション・プログラム（WGIP）」の一環として、次のような目標を達成するために設置された部局である。

「あらゆる層の日本人に、彼らの敗北と戦争に関する罪、現在および将来の日本の苦難と窮乏に対する軍国主義者の責任、連合国の軍事的占領の理由と目的を周知徹底せしめること」[2]

彼らにとって、南京事件は目標達成のための格好の材料であった。しかし、見逃してはならないのは、この目標は、重要な部分で日本が受諾したポツダム宣言ともアメリカ本国の意向とも違っていることだ。ポツダム宣言第四条と第六条では、日本国民は軍国主義者と区別されているだけでなく、後者にミスリードされた被害者とされている（この件については後で詳述する）。

ＣＩＥが九月二二日に設置されたあとの一一月一日に本国からマッカーサーに伝えられた初期基本指令も次のようになっていた。

「貴官（マッカーサー）は、適当な方法をもって日本人のあらゆる階層に対してその敗北の事実を明瞭にしなければならない。彼らの苦痛と敗北は、日本の不法にして無責任な侵略行為によってもたらされたものであるということ（中略）を彼らに対して認識させなければならない（後略）」[3]

つまり、ＣＩＥの設置目標では、日本人のあらゆる層に㈠戦争に敗北したこと、㈡日本が不法な侵略戦争をしたこと、㈢「戦争に関する罪」があることを周知するとしているが、ポツダム宣言にも初期基本指令にも㈢はなかったのだ。

ポツダム宣言と初期基本指令では「戦争に関する罪」は、軍国主義者にだけあるとしていたのに、ＣＩＥの設置目標では、「あらゆる層の日本人」に罪があるとされていて、それをすべての日本人に「周知徹底」させると変更された。

もちろん、これはＣＩＥの独断ではなく、マッカーサーや彼の幕僚の考えも反映されてのことだろう。指令があり、設置目標も定められているのだから、個人の独断で、命令されてもいないことを勝手にはできない。ただし、指令をどのように解釈し、どのように形にしていくかは現場に任されているので、ＣＩＥのスタッフの色がでる余地がある。

ＣＩＥは『太平洋戦争史』（四五年一二月八日〜一二月一七日）を日本の新聞各社に掲載させ、そのラジオ版である『真相はかうだ』を日本放送協会（四六年以降ＮＨＫという呼称を使うようになった）に放送させた。当初の目標は日本人に敗戦の事実を周知徹底することだった。

なぜ三〇万人になったのか

その後、四五年一二月二一日付「メモランダム」にある次のような目標が決定されてからは、日本人に戦争に関する罪があることを周知徹底するという目標に取り組み始めた。

（１）アメリカは戦争犯罪者を罰することができるだけの道徳的根拠を持っていることを示すこと。

（２）戦争犯罪容疑者に措置が取られるのは人類のためであることを示すこと。

（３）戦争犯罪者を罰することが日本と将来の世界の安全を築くために必要であることを示すこと。

（４）戦争犯罪者は日本国民の窮状に責任を負っていること、しかし、国民自身も軍国主義体制を許容した共同責任を負っていることを示すこと。[4]

これらの目標を手っ取り早く達成する方法は、日本軍による残虐事件を大々的にとりあげることだ。そこで、『真相はかうだ』は、ひとわたり日本軍の軍事作戦の大失敗の例を示したあとで、「戦争中のマニラ」と「南京の暴行」と題して日本軍による残虐行為をレポートした。[5]

前者は四五年のマニラ市街戦で日本軍とアメリカ軍の戦闘の巻き添えを食ってフィリピン人に約一〇万人の犠牲者がでたケースだ。

大都市マニラで籠城作戦を行った日本軍も悪いとはいえ、多大の犠牲者がでるのを承知で攻撃したアメリカ軍にも相応の責任があるのだが、そこは見事に無視している。

「南京の暴行」のほうは、そもそも日米戦争以前の三七年のことであり、アメリカ軍の作戦地域で起こったことではないので、『太平洋戦争史』のラジオ版であるこの番組に取り上げられること自体がおかしいのだが、認罪プロパガンダの素材としてきわめてインパクトがあるので「流用」したのだ。

さらにＣＩＥは、四六年八月二五日にこのラジオ番組の内容を書籍化したものを『真相箱』というタイトルのもとに出版した。この本の「陥落前の南京」と題された章でも、三七年一二月七日からおよそ一週間のあいだに日本軍が二万人（原文のまま）の中国人に行った「暴行」のことが詳細に記述されている。ラジオと書籍の二つのメディアで、日本軍による残虐行為を日本人に「周知徹底」させたのだ。

ＣＩＥはなおも手を緩めなかった。四八年三月三日付の文書でＣＩＥは、日本のメディアを通じて次のことをするよう局員に指示している。

「広島と長崎の爆撃は残虐行為である、そしてアメリカは償いの精神で広島復興に取り掛かるべきである、と考えている人々の態度に対抗措置をとること」[6]

広島・長崎への原爆投下に対する日本人の非難を封じるための対抗措置とは、日本のメディアに日本軍が戦争中に行った残虐行為について報じさせることだったのはいうまでもない。残虐行為の内容は、原爆投下による広島・長崎の惨劇に見合うものでなければならず、犠牲者数も広島・長崎のそれに見合うものでなければならなかった。あとになればなるほど「南京事件」の被害者の数は膨れ上がっていくが、その理由の一つはここにあった。

つまり「南京事件」は歴史的事実としてよりも、日本人に罪悪感を植え付けるためのプロパガンダとして使われたのだ。この心理戦が問題なのは、前述のように、ポツダム宣言および本国からの指令書では、一般日本人には戦争に関する罪はないとしているのに、これに明確に違反して、一般日本人をも認罪に導こうとしたことだ。

ちなみに『真相箱』には「マニラの虐殺」も取り上げられていて、占領軍はこちらのほうの宣伝に力を入れていた。実際、ＣＩＥは、『真相箱』の出版のあと「南京事件」のことをあまり取り上げなくなる。

これはまた、なぜこの問題に関して、アメリカと中国との間に温度差があるのかを説明する。アメリカ側はこの事件をプロパガンダとして使ったものの、日米開戦前に起こったことであるうえに、アメリカ軍の作戦地域で起こったことではないため、確証が得られず、関心も高くなかった。

この事件の直接の当事国でもない中国が三〇万人（それより多い四〇万人でも五〇万人でもよさそうなのに）という数値にこだわるのは、広島・長崎の原爆による死者は合計で二十数万人なので、それより多い数値でなければならないということだろう。それによって、中国こそが最大の戦争被害国であって、原爆の被害はあっても、日本は加害国だということをはっきりさせたいのだ。

その証拠に、中国人と韓国人は、広島・長崎の犠牲者の慰霊セレモニーや被爆者による世界平和のアピールに異常なまでのアレルギー反応を示す。日本が唯一の原爆被害国だということを強調して国際的に同情を集め、戦争加害国なのに戦争被害国であるかのように世界に平和をアピールするのは許せないということだ。中国にとって、三〇万人かそれ以下なのかということは、どちらの国が戦争被害国として世界からより同情をかちとるかという点で重要なのだ。

歴史資料は三〇万人説を裏付けられるか

にもかかわらず、実際には、三〇万人という数値を裏付ける客観的資料は存在しない。よく引用され、今回の記憶遺産にも指定されている南京安全区にいた欧米人の日記や記録でも、少人数の虐殺や暴行については目撃証言があるが、数百とか数千とかの単位のことになると伝聞ばかりになっている。

ただし、これらの欧米人は、安全区に流入した避難民に食糧を提供していた関係で、南京市内に残った中国人の人口に関しては、日本軍や現地の中国人よりも正確に把握していた。筆者もイギリス公文書館（ロンドン）で外務省の公文書「南京の残虐事件」を見つけたが、これによれば、当時南京の安全区の人口はおよそ二五万人だった。

この手記は、当時安全区にいた一人のキリスト教宣教師（氏名は記されていない）が南京からビルマに移ったときにイギリス貴族院議員ジョセフ・モンテーギュ・ケンワージー（Joseph Montague Kenworthy, Lord Strabolgi）に手渡したものだ。ケンワージーは南京の情勢についての重要な情報としてこれを当時の外務大臣エドワード・ウッド（Edward Wood, Lord Harifax）に転送したので、これが外務省の文書として残ることになった。[7]

世界記憶遺産に指定されなかったこの手記も、南京陥落前後の「日本軍の残虐行為」について詳細に記述している。だが、登録された他の欧米人の手記と同じく、犠牲者がおよそ三〇万人だということを証明してはいない。むしろ、その逆である。

手記に書かれているような残虐行為があったのだから、中国人は安全区に逃げ込むか、さもなければ市外に逃れるかしかない。だが、手記の中では、安全区の外へ出て様子を見た他の欧米人の一人が、市内には人がまったくいなかったと証言している。とすれば、この二五万人を上回る数の中国人は南京城内にいなかったと考えるのが妥当だろう。つまり、三〇万人もの人々を虐殺することは不可能なのだ。

また、この記録によれば、南京に安全区が設けられたのは、日本軍が南京に迫っていた一一月中旬であり、すでに避難民の流入が始まっていて、安全区内の人口はこの時点でおよそ二五万人に達していた。周辺地域からの南京城内への流入が始まったあとで、十万単位の避難民の減少（つまり「大虐殺」）があったならば、そのことに言及しそうなものだが、そのような記述はない。

あるのは、日本軍による百人単位（累計で数千人単位）での国民党便衣兵（中国の庶民の服である便衣を着た兵士）の処刑があったようだという伝聞情報と、ほぼ毎日のように行われる安全区にいた少人数の中国人に対する暴行（特に女性に対する性的暴行）の目撃情報だ。

仮に数百、数千の便衣に着替えた国民党軍兵士の処刑が継続してなされたとしても、数万にしかならない。前述の朝日新聞も国民党軍の戦死者（虐殺犠牲者ではないことに注意）は八万人前後で、捕虜の数も一万五〇〇〇人とされている。安全区にいた他の欧米人のなかにも、死傷者の数が、万単位だったと証言するものはいない。
「南京事件」についての客観的資料の少なさは、私たちが歴史的事実とプロパガンダを峻別しなければならないということを改めて教えている。実際、どのくらいの数だったのか、日本側も中国側も、客観的資料に基づいて明らかにすることができない。中国はこの実証不可能性を逆手にとってプロパガンダとして使い続けているのだといえる。

本当の問題はどこにあるのか

しかしながら「人命は地球よりも重い」という考えを持ち出すまでもなく、「南京事件」の犠牲者のひとりひとりの命も重い。先の大戦で尊い命を失った日本人のことを悼むなら、中国人の戦争被害者の無念にも思いをいたすべきだ。さもなければ、原爆犠牲者慰霊セレモニーに舌打ちする中国人や韓国人を私たちは非難できない。命の重みに国籍の違いはない。

日本軍による南京での残虐行為の犠牲者が、『真相箱』にも記述されているように、およそ二万人であって三〇万人ではないと証明しようとすると、では日本人は、二万人くらいならばいいと考えていると取られて、それがまた非難を浴びることになる。

筆者の経験では、日本人が「南京事件」の被害者の数を低く見ようとすると、第三者的立場にある国の人々からは、「日本人は中国人の命を自分たちの命より軽いと考えている」と解釈されてしまう。

したがって、歴史的事実とプロパガンダとの間の違いを明確にする努力は続けなければならないが、それも数を少なく見積もろうとする意図に基づくものであってはならない。

前述の南京安全区にいた欧米人（多くはキリスト教布教関係者）も、必ずしも数を重視してはいない。非難の矛先は、自分たち白人には何もしないのに、同じ黄色人種である中国人には容赦なく残虐行為や暴行を行う歪んだ優越意識に向けられている。

したがって、「南京事件」で争うべきは、数ではなく、誰がどんな間違いをしたのか、でなければならない。数は客観的に証明できないが、これらのことは客観的に明らかにすることができる。仮に中国側が自分たちに有利になるよう歴史を改変したり、捏造《ねつぞう》したりしても、歴史的事実を示して反駁することが可能だ。

そこで、次に「南京事件」をこういった点から検証し、それによってこの事件の歴史的事実としての本当の問題点を考えていこう。

まず、問わなければならないのは、なぜ「南京の大勝利」ではなく「南京事件」になったのかということだ。つまり、通常の戦闘ならば、何万人戦死しようと、当時の朝日新聞でも報じられたように、それは軍事的大勝利であってなんら問題はない。通常の戦闘以外の死者がきわめて多く出たので「南京事件」と呼ばれることになったのだ。

では、なぜ通常の戦闘にならなかったのだろうか。端的にいうと国民党政府軍事委員長・蔣介石が戦いの途中で麾下《きか》の数万の兵士を置き去りにして南京から逃げたからだ。

蔣は、上海の戦いで日本軍に敗れたあと、八月二一日に中ソ不可侵条約を締結し、ソ連から大量の兵器を購入した。これらの兵器で補強して南京で決戦に臨み、交渉によってソ連との条約を相互援助条約にまで持って行って、ソ連の参戦を引出し、日本軍を打ち破る計画を立てていた。[8]

ところが、ソ連の元首ヨシフ・スターリンは、参戦するためには、二ヶ月後に開く最高会議で承認を得なければならないと回答してきた。ソ連の助けなしで二ヶ月も持ちこたえられないと思った蔣は南京から逃げてしまう。国民党軍の軍事指導者の悪い癖は、このような際に、部下の兵士や市民を置き去りにすることだ。

問題は、蔣が去り、司令官の唐生智や高級将校があとを追って立ち去った後、取り残された将兵がどうしたかだ。蔣は督戦隊を残して、逃亡しようとする兵士を撃たせたので、彼らは逃げるに逃げられなかった。一二月九日、日本軍は国民党軍に無血開城を呼びかけたが、彼らはこれに応じなかった（応じられなかった）。

日本軍に包囲され、指揮官を失い、逃げ道を失った彼らは、投降するより軍服を脱ぎ捨てて便衣を着て民間人になりすますことを選択した。だから、南京入りした日本軍は、脱ぎ捨てられたおびただしい数の国民党軍の軍服を発見した。

日本軍は当惑した。南京市内には一般市民がいる。彼らと便衣を着て一般市民になりすました国民党軍兵士（以下、便衣兵）とを見分けるのは難しい。

もっと問題なのは、この二者を足すと日本軍よりはるかに数的優位になるということだ。安全区国際委員会の報告書でも南京陥落前後に安全区にいた中国人は前述のようにおよそ二五万人だった。

何も手を打たなければ、疲れ切っていて、そのうえ緊張の糸が切れかかっている日本兵は、便衣を着た国民党軍兵士のゲリラ攻撃の絶好の的となる。下手をすると大打撃を蒙って南京から撤退しなければならなくなるかもしれない。

そこで、「掃蕩」が行われることになった。中支那方面軍司令官の松井石根大将が作成させた「南京城内掃蕩要領」を踏まえた「掃蕩実施ニ関スル注意」では「青壮年ハ凡テ敗惨兵又ハ便衣隊ト見做シ凡テ之ヲ逮捕監禁スヘシ」となっていた。これによって国民党軍兵士と区別がつかなかった一般人の「青壮年」中国人も「掃蕩」されることになってしまった。[9] ここでいうところの「掃蕩」は、その場から「取り除くこと」であって、「処刑すること」ではない。

ところが問題は、実際には「掃蕩」の対象となった「青壮年」中国人に処刑されたものが相当数にのぼったことだ。日本軍は逮捕監禁した「青壮年」中国人を国民党軍兵士と民間人とに選り分けようと努めた。実際それを実現できた日本軍の部隊長たちもいる。だが、数があまりにも膨大で、収容施設も不足していて、まだ何が起こるかわからない状況では、現実的に対処せざるをえない。

また、国際法上の問題もあった。当時南京安全区にいて、日本軍の行動を見ていた欧米人は、逮捕監禁された人々を「捕虜」として人道的に扱うように外交ルートを通じて日本軍に求めた。

前述の手記を書いたイギリス人も、便衣を着て安全区に逃げ込んできた国民党軍兵士に、避難民が巻き添えになるので、出て行って「捕虜」になるように説得している。

たしかにハーグ陸戦法規では、戦闘で敗北した兵は、降伏して「捕虜」となれば人道的扱いを保障されることになっている。日本はこの法規を批准していたので、彼らが「捕虜」ならば、そのように扱わなければならなかった。

ところが、この段階では、日本も国民党も宣戦布告をしておらず、日中間の戦いは正式の戦争ではなく「事変」という扱いになっていた。日本側も中国側も、正式の戦争とすると国際法規にしばられるので戦いにくくなり、かつアメリカの「中立法」に引っかかり、戦略物資を調達できなくなるというのが理由だった。

したがって、日本軍が「掃蕩」した「青壮年」中国人のなかの便衣兵に関しては、ハーグ陸戦法規の埒外で、「捕虜」ではないということになる。実際、例のイギリス人に説得されて安全区を出た国民党軍兵士も処刑の対象にされてしまった。このことをイギリス人は、おおいに悔いている。「南京事件」に関して、外国人居留区にいた西欧人の証言がよく引用されるが、彼らが現地中国人から聞いた「虐殺」のほとんどは、便衣兵の処刑だとみられる（伝聞で知った未確認情報なのでこういうしかない）。

しかし、日本軍がこの法規にしたがったとしても、戦闘員が民間人になりすますこと自体が違反なので、非は便衣を着て民間人に化けた国民党軍兵士にあったことになる。

実際、安全区に逃げ込んだ便衣兵が避難民を人間の盾にして、隠し持った武器を使用し日本軍と戦闘に及んだという例さえある。これが大規模に、しかも多発すれば、どういう事態になるか容易に想像がつく。こういったことを未然に防ぐためにも、便衣兵に関しては処刑もやむなしということになる。たとえ便衣兵がハーグ陸戦法規を知らなかったとしても、件のイギリス人がそう考えたように、戦闘員は民間人を巻き込むような行為をしてはならない。

いずれにしても、松井の命じた「掃蕩」と便衣兵の処刑は、ハーグ陸戦法規に抵触しているとはいえず、したがって罪を問うことは難しい。ただし、便衣兵なら、みな処刑していいのか、あるいは処刑すべきか、といえば、それはまた別の話である。欧米人の非難も、民間人になりすましたとはいえ、その多くは非武装で無抵抗の便衣兵を情け容赦なく大量処刑した点に向けられている。彼らは抵抗したり、武器を隠し持ったりした便衣兵の処刑を非難してはいない。可能な限り処刑せず、監禁しておくべきだったたという議論は当然ある。だが、南京市内は食糧が決定的に不足していて、そうすることは難しかった。実際、当時第二師団長として満州にあった岡村寧次陸軍中将の部下も「(南京攻略の)第一線部隊は給養困難を名として俘虜を殺してしまう弊がある」と報告している。[10]

もっと大きな問題は「掃蕩」された「青壮年」中国人のうち、便衣兵と一緒にされて処刑されてしまった一般市民のケースだ。便衣兵の巻き添えになった「青壮年」一般市民は、いかなる意味においても非はないのに、処刑されてしまった。日本軍の側に立てば、当時の状況では「正当防衛的措置」で仕方がなかったということになる。だが、被害者の側に立てば、必要のない「大量虐殺」だったということになる。このような場合、第三者にアピールするのは被害者側の訴えである。

もちろん、はるかに大きな責任と罪があるのは、我身のことしか考えず、組織的に南京から撤退するということをしないどころか、逆に督戦隊を置いて兵士が城外に逃れられないようにし、便衣兵にならざるをえない状況をつくり、南京市民もそのまま置き去りにした蔣ら国民党軍幹部だということを改めて確認しておこう。

その一方、日本軍による一般市民への残虐行為と暴行の事実も決して見過ごすことはできない。欧米人による目撃証言は、便衣兵に対するものほど規模は大きくないものの、老若男女を問わない一般市民への残虐行為と暴行が行われたことも明らかにしている。また、日本軍自体がそれを認めている。特に女性に対する性的暴行が目立っていて、安全区にいた欧米人もしきりにこのことを日記や手紙に書いている。

これらの残虐行為と暴行は戦闘行為とはいえず、いかなる弁解の余地もない。この点は重く受け止め、日本軍の非を認めるべきだろう。この部分までも否定すると、誠実さを疑われ、再三いうが、国際世論を敵に回すことになる。

責任は誰にあるのか

司令官である松井は、残虐行為と暴行を命じなかったとしても、軍規の乱れや命令の不徹底の結果として起きたことに責任を負わなければならない。実際、松井は極東国際軍事裁判でＡ級戦争犯罪では無罪になったもののＢ級戦争犯罪者として死刑判決を受け、絞首刑となっている。

そのうえで問うべきは、「南京事件」の日本側の責任が、松井を越えて、日本陸軍や日本政府にも及ぶのかということだ。南京やそれ以前の上海での軍事行動で、日本軍なり日本政府なりが、彼に「掃蕩」や便衣兵の処刑、一般市民への虐殺と暴行を命じたという事実はない。

むしろ、日本軍が上海を攻略して南京に向かおうとしたとき、日本陸軍は戦線が拡大し、リスクが大きくなるため、上海と南京の間に「制令線」を引き、そこから西（南京は西にある）に行かないよう松井に命じた。だが、日本軍が新たに投入した第一〇軍がこの制令線を突破してしまったとき、松井は、戦いは勢いなので、勝ちに乗じて一気に南京を攻略すべきと大本営に具申した。大本営は一二月一日に、これを追認する形で南京攻略命令をだした。だが、これはあくまで「攻略命令」で「掃蕩命令」でも「処刑命令」でもない。

さらに、上海の戦い以来、兵士たちは多くの死傷者を出して消耗しており、交代の時期に来ていた。松井はこれも無視して兵士を戦わせ続けた。南京陥落のあと、日本兵が軍規の乱れを指摘されるような行動をとった原因はこういったところにもあった。

のちに極東国際軍事裁判で有罪とされたことを、松井が誰かに命令されて行ったたならば、その罪は松井を越えてその上の人々に及ぶことになる。だが、松井が行ったことで戦争犯罪とみなされたのは、すべて彼自身が自らの権限と責任で命じたことだ。

こういうと、松井をスケープゴートにして、すべてを彼に負わせるのかという人もいるだろう。日本人は、このような「結果責任」をとらされた人を思いやって、追及することはあまりせず惻隠の情を示す。

しかし、特に「南京事件」のように多くの生命が奪われた重大なケースでは、「結果責任」を否定することはもちろん、責任者に過度の同情を示すことも、国際的理解が得られない要因になる。数万の将兵の命を預かり、数万の敵の命を奪わなければならない一軍の将ともなれば、「結果責任」の重さは一般人とは比較にならない。現地最高指揮官として、軍規の乱れと命令の不徹底については責任を負わなければならないし、それが招いた結果に対しては、一身をもって償わなければならない。松井が死刑になることによって、日本側で罰せられるべき人間が罰せられ、とるべき責任がとられたといえる。

プロパガンダと歴史的事実を峻別すべし

ここまでが歴史的事実で、これ以上のことを何か言おうとすると、それはプロパガンダの領域に踏み込むことになる。中国が「南京事件」を使って反日プロパガンダを行うとき、彼らは軍事行動での戦闘員の「戦死」および便衣兵の「処刑」と民間人の「虐殺」とを故意に混同している。そして、松井よりはるかに重い国民政府側の蔣介石と唐生智の罪と責任を不問に付している。

日本側の責任についても、中国は、松井にとどまるものではなく、当時の日本政府、そして現在の日本政府および日本人も負うべきだとする。そして、日本と中国の間に何か対立があるたびに、謝罪を求め、譲歩を迫る「外交カード」として使ってくる。

それがなぜ七〇年以上たっても効き目を持っているのかといえば、冒頭に述べた占領軍による情報プログラムによって先の戦争に関して罪悪感を植えつけられたからだといわざるを得ない。

「南京事件」を含め、日本軍が先の戦争で行った行為は、ポツダム宣言にもあるように、一般日本人に責任はなく、まして罪もない。にもかかわらず、占領軍は、これもまたポツダム宣言にある、日本側の戦争犯罪者を裁くことと彼らのいう「民主化」のための「改革」を行うことを日本人に受け入れさせるために、先の戦争に関して罪悪感を持たせるWGIPを実施した。

しかし、満州事変、上海事変、南京事件、対米戦争は、すべて日本国民が選挙で選んだ議員が国会で決議したことではない。これらの決定について国民が意見を求められ、その意思を反映させる機会が与えられたことはなかった。この点を私たちは明確に意識すべきである。

これらは、軍部の独走にひきずられて行われたもので、天皇も政府もこれらを支持してはいなかった。日本国民にいたっては、その大部分は真実を知らされず、軍部のプロパガンダに煽られ、非国民といわれ、抑圧されることを避けるために、流れにしたがっただけだ。事実、連合国によるポツダム宣言でも、日本国民は軍国主義者にだまされた犠牲者と位置づけられている。

一般の日本人は、盧溝橋事件から終戦までの八年間、軍部のプロパガンダを摺り込まれ続けた。それが終わった途端、今度は占領軍のプロパガンダで洗脳されることになった。そして、それは占領終結まで七年間にもわたった。いや、現在も続いているといえる。

とはいえ、「南京事件」がＷＧＩＰによって日本人に「周知徹底された」ことを知ったうえで、それでも自分は日本人として、南京事件に関して中国人に謝罪したい、日本軍が中国で行ったことに対して償いをしたい、と思うのは自由である。その意思は尊いし、尊重されなければならない。

ただし、個人にとどまらず、日本人すべてが、それも現在の日本だけでなく、将来の世代も、謝罪と懺悔を続けるべきであると考え、そのようにほかの人にも説くならば、それは反日プロパガンダに加担することになる。また、このような人は、自分がそのような考えを持つに至ったのはＣＩＥのＷＧＩＰの持続的影響のせいかもしれないと疑ってみてもいいだろう。

どのような歴史認識や良心を持つべきかは、あくまで個人に任されるべきであり、国家として国民として判断すべきことではない。まして、中国や韓国などの他国が日本政府や日本国民に強制すべきものではない。

第２章　真珠湾攻撃は騙し討ちではなかった

トムゼン報告書が騙し討ち説を覆した

これまで四一年一二月八日（現地時間七日）の日本海軍機動部隊による真珠湾攻撃は「卑怯な騙し討ち」といわれてきた。占領軍も開戦責任はすべて日本側にあり、日本国民の戦争による被害および敗戦後の苦難はみずからが招いたものだとされてきた。

しかし、実際には日本はフランクリン・デラノ・ルーズヴェルト大統領らアメリカ政府幹部によって開戦に追い込まれたのだ。こうした説はこれまでにも唱えられていたが、筆者が最近発掘した新資料はそれが事実であることを示している。

アメリカ政府幹部は、四一年一一月一三日の段階で、アメリカ側が取った石油禁輸措置などが日本をかなり追い詰めていて、まもなく戦争に踏み切らざるを得ないことを駐米ドイツ大使館の参事官からの極秘報告書で知っていた。だから、彼らは日本が先制攻撃する時期をかなり正確に把握していたのだ。

この駐米ドイツ参事官はハンス・トムゼンといい、アドルフ・ヒトラーの外交顧問でもあった。そして、彼は親交を結んでいたニューヨークの弁護士であるマルコム・ロヴェルに重要なインテリジェンスを与えていた。それは、ルーズヴェルトの親友にして情報調整局（COI＝Coordinator of Information、大統領直属の情報機関）長官となっていたウィリアム・ドノヴァンが報告書にまとめてルーズヴェルトに渡していた。

特に四一年一一月一三日にドノヴァンCOI長官がルーズヴェルト大統領に出したインテリジェンス報告書の内容は重要だ。

「日本がアメリカと戦争するならドイツはすぐに日本の後に続くだろう。アメリカは太平洋で効果的に戦うことはできない。アメリカは大西洋をガラ空きにして太平洋に総ての海軍力をつぎ込むわけにはいかないからだ。（中略）日本はアメリカ相手に時間稼ぎをしている。これに関しては両国とも同じで、アメリカもまたこれを利用して日本相手に時間稼ぎをしている。結局、極東に関して日本が呑める条件でアメリカが合意しないならば、日本は今後扼殺の脅威にさらされることになる。日本がアメリカによる扼殺を免れるために解決を先送りすれば、日本は今よりも自由に振舞えなくなる。というのも今はドイツが大英帝国とアメリカの注意を引き付けているからだ。もし日本が解決を先送りするなら、アメリカが日本を扼殺するのはかなり容易になる。だから、望むと望まざるとにかかわらず、日本は今アメリカを攻撃せざるを得ないのだ。（以下省略）」[11]

この報告書の要点は次の二点である。（1）日本はアメリカの石油禁輸措置によって「扼殺」されつつあり、まもなく戦争に踏み切らざるをえなくなる。（2）日本がアメリカと戦争を始めればドイツも参戦する。

ルーズヴェルトにとって（1）も重要だが、（2）のほうはもっと重要だった。日本を開戦に追い込めば、ドイツとも戦争になると確信できたからだ。トムゼンは一〇月二二日にロヴェルと会ったとき「アメリカは新年を待たずに私たち（ドイツ）と外交関係を絶つだろう」とも語っていた。日米戦争の勃発とドイツの対米参戦が確実だということだ。

ルーズヴェルト大統領が日本を戦争に追い込み「ヨーロッパの戦争に裏口から参戦した」という、いわゆる「ルーズヴェルトの陰謀説」の致命的弱点は、日本を開戦に追い込んでも、アメリカが望んでいたドイツとの戦争になるとは限らないというものだった。

トムゼン報告書はこの弱点を消し去るものである。ルーズヴェルト大統領は、さらに強硬な態度をとれば、日本はすぐにでも開戦に踏み切り、それがドイツとの戦争につながると確信していたのだ。

日本人に最初の一発を打たせよ

このあとアメリカ政府首脳が取った行動はまさしくそれを裏付けるものだった。一一月二五日にルーズヴェルトらアメリカ政府首脳が会議を開いた。陸軍長官ヘンリー・スティムソンの日記によれば、大統領はこの日、次のように語ったという。

「多分、来週の月曜日（一二月一日）にはわれわれは日本に攻撃されることになるだろう。というのも日本は警告なしで攻撃するので悪名高いからだ。問題はわれわれがどうすべきか、ということだ。問題はどうすれば、たいした犠牲も払わず、彼ら（日本人）に最初の一発を打たせるように仕向けられるかということだ」[12]　この翌日の一一月二六日に中国からの全面撤退を求めたととれるハル・ノートを日本に突きつける。その内容は当時の外務大臣、東郷茂徳が「アメリカ側でさえ日本がこの条件を呑むとは思っていなかった」というほど厳しいものだった。[13]

これが日本側にとって受け入れがたいものだということは、アメリカ側も知っていたので、本来、石油禁輸措置などを三ヶ月間暫定的に緩和するとした宥和的「暫定案」とともに提示することになっていた。日本と戦争になるのを避けるためだ。だが、ハルはわざわざこの「暫定案」を引っ込めて、ハル・ノートだけを日本側に示した。

それまで日米は四一年四月一六日から戦争回避のための交渉を七ヶ月以上に亘って続けてきた。それなのに、この日、突然アメリカ側は和平のハードルを日本側が乗り越えがたい高さまで引き上げてしまった。つまり、これは大統領のいう「彼らに最初の一発を打たせるように仕向ける」一手だったということになる。

ハル・ノートは、アメリカ政府首脳が、議会にも諮《はか》ることなく、国民に説明することもなく、勝手に日本側に渡した事実上の最後通牒だった。

一一月二五日の会議に参加していたアメリカ海軍作戦部長ハロルド・スタークも二日後の二七日に「戦争警告」をアメリカの海軍基地に出している。これは文字通り戦争が起こるから警戒せよという警告だ。注目すべきことに、この警告では、「太平洋における事態の安定化を目指した対日交渉は終わった」といっている。[14] スタークもハル・ノートが最後通牒だと認識していた証拠だ。

一一月二九日には駐ドイツ大使大島浩が本国に「(ウルリヒ・フリードリヒ・ヴィルヘルム・ヨアヒム・フォン)リッベントロップ外務大臣は日本がアメリカと戦争に入った時は、独は直ちに参戦すると確約した」と打電したのに対し、本国からベルリンの大島に「情勢はもっとも危険な段階に達し、日本とアングロサクソン諸国との戦争は、一般の予想よりも早い時期に勃発するであろうと(ドイツ側に)伝えよ」と返電しているのがアメリカに傍受され、解読されたのち一二月一日付で大統領に報告されている。[15]これによってルーズヴェルトは日本と戦争に入ればドイツとも戦えるということを最終確認した。

アメリカは参戦したかった

ルーズヴェルトがなぜドイツと戦争がしたかったかといえば、ドイツに蹂躙されているヨーロッパの民主主義国を救いたかったからだ。それによって、ヨーロッパの民主主義を救った偉大なアメリカ大統領としてその名を歴史に残したかった。そもそもアメリカは、独立以来、人権を抑圧する国や勢力と戦い、世界に民主主義を広めることを国是としている。

とはいえ、もちろん経済的利益も重要なので、常に抑圧国家に敵対政策をとるというわけではなく、その時の状況を考えて、国是と国益のバランスをとっている。

この当時は、イギリスを除いてヨーロッパの民主主義国家がファシズムの軍門に下っていた。アメリカの参戦がなければ、イギリスも間もなくドイツに屈することになり、ヨーロッパの民主主義は総崩れとなっていただろう。

また、ドイツがヨーロッパ市場を独占することは、この国に莫大な資金を貸し付け、トラックなどを売って利益をあげていたとはいえ、アメリカの金融資本や大企業にとっても望ましいことではなかった。ヨーロッパのマーケットから締め出されることになるからだ。むしろ、戦争になったほうが、金融も工業生産もさらに活発化するので、彼らにとってビジネスチャンスが広がることになる。

問題は戦場に赴くことになるアメリカ国民の生命だが、民主主義を守ることが国是である以上、また国益にもかなう以上、多少の犠牲がでてもやむを得ない。アメリカが参戦してヨーロッパの民主主義を救い、アメリカが世界の民主主義国のリーダーなのだと示せるならば、そして、アメリカ全体の国益を拡大できるならば、それは正当化できる。ルーズヴェルトの思考回路ではこのような論理が成り立つ。

これに対して、アメリカは日本との戦争は望んでいなかった。戦争してもあまり得るところがないからだ。もともとアジアには民主主義国は少なく、市場としてもヨーロッパほど魅力的ではない。たしかに日本に中国市場の門戸を開放させることはアメリカの利益になるが、全面戦争となれば、コスト的には見合わない。なによりも、トムゼン報告書からも明らかなように、経済封鎖と戦略物資（石油を含む）の禁輸を続ければ、日本は戦わずして「扼殺」することができる。だから、あくまでドイツとの戦争につなげるために、日本を戦争に追い込む必要があったのだ。

これまでにも、前述の「ルーズヴェルトの陰謀説」は、ことあるごとにささやかれてきた。だがトムゼン報告書によってこの説は陰謀説ではなく、歴史的事実だということがわかった。ルーズヴェルトはドイツと戦争するために日本を戦争に追い込んだのだ。

そうではないという人は、なぜルーズヴェルトがトムゼン報告書を一一月一三日に受け取ったのち、一一月二六日に暫定案を引っ込めて、ハル・ノートだけを日本に示したのか、なぜ彼はスティムソン陸軍長官に「来週の月曜日（一二月一日）にはわれわれは日本に攻撃されることになるだろう」といったのか、なぜスタークは「戦争警告」を出し、しかもそのなかで「太平洋における事態の安定化を目指した対日交渉は終わった」

と告げたのか、説得力のある説明をする義務を負う。

真珠湾は想定外だった

ただし、よくささやかれるもう一つの「ルーズヴェルトの陰謀説」、つまり、大統領は日本の真珠湾攻撃を知りながら、被害を大きくするために、それを現地司令官に教えなかったという説は、今のところ否定せざるをえない。

その理由は、スタークの一一月二七日の「戦争警告」には警戒すべき地域として「フィリピン、タイ、クラ地峡、ボルネオ」の名前は入っていたが、ハワイまたは真珠湾については言及がなかったからだ。また「戦争警告」も、一一月二七日のものは、真珠湾を含めてアメリカのアジア太平洋地域の海軍基地全部に送っているのに、そのあとの一二月二日、三日、四日、六日は真珠湾に送られなかった。これは、アメリカ軍首脳が、まさか日本が大艦隊を率いて太平洋の真ん中にある真珠湾を攻撃するとは想定していなかったことを示す。

否定のもう一つの理由は、アメリカ軍は日本軍の暗号電報を解読していたとはいえ、少なくとも一二月七日（ハワイ現地時間、日本では八日）までに報告書にまとめられたもののなかに、真珠湾攻撃に言及するものがなかったということだ。日本本国からワシントンの駐米日本大使館にいる野村吉三郎にアメリカに渡す最後通牒が暗号電報で送られており、これが真珠湾攻撃の二時間前にアメリカ陸軍に解読されていたが、この暗号電報にも真珠湾は言及されていなかった。これでは日本が一二月七日に先制攻撃してくることは予想できても、真珠湾が攻撃されることは予測できない。[16]

したがって、アメリカ軍は一二月七日に日本軍がアメリカ軍の基地を先制攻撃してくることは知っていたが、そこに真珠湾が含まれるということまでは知らなかったといえる。こちらの「ルーズヴェルトの陰謀説」は、未だ陰謀説のままに留まっている。ただし、これまで明らかにしてきたように「真珠湾攻撃を予測できなかった」イコール「日本の攻撃を予測できなかった」ではないことにくれぐれも注意する必要がある。それらを混同すると「リメンバー・パールハーバー」というプロパガンダの罠に見事にはまることになる。

真珠湾攻撃に代表される日本軍による先制攻撃に関して、少なくともルーズヴェルト大統領らアメリカ政府首脳は、暫定案抜きのハル・ノートがかなりの確率で日本を戦争に踏み切らせること、それによってドイツと戦争になることをトムゼン報告書によって知っていたのだ。

また、アメリカ側は、日本が先制攻撃するとき、宣戦布告してから攻撃するとは考えていなかった。一一月二五日付のスティムソン日記でルーズヴェルトが「日本は警告なしで攻撃するので悪名高い」と述べていることからわかるように、アメリカ政権幹部は日本が宣戦布告をしないだろうと思っていた。

このことは、真珠湾攻撃当時駐日アメリカ大使館付武官でＯＮＩ（海軍情報局）に属していたヘンリ・ハロルド・スミスハットン海軍大佐の証言からも裏付けることができる。彼は、オーラル・ヒストリーの中で、「日本は日清戦争でも、日露戦争でも、宣戦布告なしで先制攻撃してきた。だから、アメリカを先制攻撃するときも宣戦布告はしないだろうと私たちは考えていた」と述べている。[17] つまり、アメリカにとって宣戦布告なき先制攻撃は、想定内のことであって、むしろ、宣戦布告ののちの先制攻撃のほうが日本軍の前例にない想定外のものなのだ。

しかも、ハル・ノートが出された翌日の一一月二七日にスターク海軍作戦部長は「戦争警告」を発令し「太平洋における事態の安定化を目指した対日交渉は終わった」とアメリカ海軍全体に伝えている。つまり、彼の認識では、ハル・ノートはアメリカによる事実上の最後通牒であり、それによって「対日交渉は終わった」のである。

こうした事情を知らないアメリカ国民からならともかく、アメリカ政府から「卑怯な騙し討ち」と批判されるいわれは、日本にはないのではないだろうか。

客観的に見て、日米戦争の開戦責任の少なくとも半分は、アメリカ国民の大半が戦争に反対していたにもかかわらず、日本を戦争に追い込むために強硬措置をとり、ハル・ノートによって引き金を引いたアメリカ政府首脳にある。

日米戦争とは、ドイツとの戦争を切望するルーズヴェルトらアメリカ政府幹部と対米戦争もやむなしとする愚かな日本軍（海軍を含む）強硬派との間の、国民不在の不毛な戦争だった。

したがって一般日本国民は、「リメンバー・パールハーバー」というプロパガンダで戦争に駆り立てられた一般アメリカ国民と同様、戦争の加害者ではなく、被害者であり、ゆえに戦争責任もない。

第3章　ヤルタ会議は戦後秩序を作らなかった

ヤルタ、ポツダム会議はただの言い合いだった

ロシア、中国、韓国はよく戦後秩序に言及する。その際彼らがもちだしてくるのがカイロ会議（四三年一一月二二日〜二七日）、テヘラン会議（四三年一一月二八日〜一二月一日）、ヤルタ会議（四五年二月四日〜一一日）、ポツダム会議（四五年七月一七日〜八月二日）で取り決められた協定だ。私たちは、これらの協定は会議で衆知を集め、真摯な議論を尽くして決めたのだと思っている。会議の関係書類を一九五五年にまとめた『アメリカ合衆国外交文書集』とカール・ムント文書のなかの「ヤルタ・ペイパーズ」を読むと、まったくそうではないことがわかる。[18]

何よりも驚くのは、カイロ、テヘラン、ヤルタの会議に関しては、口述記録や速記録

などがとられていないということだ。これらの会議に関する文書は、みな外交官や首脳側近が個人的にとったメモやノートだ。つまり、会議の最後に協定書らしきものは作るので、それは残るのだが、実際の会議で何が、どう話し合われたのかは詳しいことはわかっていない。

これは特に戦後体制を決定づけたとされるヤルタ会議によくあてはまる。ルーズヴェルト、チャーチル、スターリンは、会議の内容が、まだ戦っている日本や処理が決まっていない東ヨーロッパの国々に漏れるのを極度に警戒して、会議でも曖昧な言い方に終始した。事前に会議用の準備文書を渡されていたので、巨頭たちはかろうじて噛《か》み合う議論ができた。

ちなみに、アメリカの公文書を読んでわかることだが、国際会議というものは、議題や内容は、事前交渉によってほぼ決まっている場合がほとんどだ。会議では、話し合うというより、それを確認するといったほうが事実に近い。そうでなければ、重要な取り決めを短い間に決めることはできない。

ポツダム会議はどうかというと、百歩譲って以前の会議よりましだとしても、アメリカとソ連が決裂して合意に達してはいない。ポツダム宣言は発せられたが、これはソ連が持ってきた案を無視したアメリカが自らの案を一方的に宣言してしまったものだ。

アメリカはポツダム宣言への署名をソ連に求めていないのでスターリンの署名はない。ソ連がこのあと対日参戦するので署名しなかったといわれることがあるが、実際にはポーランド問題で、アメリカとソ連はほぼ決裂状態にあり、かつ自分たちの用意したポツダム宣言案を一蹴されていたので、署名を求めたところで、しなかったろう。

はっきりさせておきたいのは、ポツダム宣言を出したとき、ハリー・S・トルーマン大統領はソ連の参戦を望まなくなっていたという点である。原爆投下はソ連の参戦前に日本を降伏させるためでもあったのだ。

のちにソ連は「ポツダム宣言により」として日本に宣戦布告するが、いままで述べてきたことからこれはまったくおかしいことがわかる。日ソ中立条約に違反して参戦したことから目をそらせるための言い訳以外の何物でもない。

カイロ・テヘラン会議、ヤルタ会議、ポツダム会議を通じて、彼らは多くのことを話しているが、十分噛み合った議論をし、それらを積み上げて、しっかりとした合意を形成することはついにできずじまいだった。

どうしてこのように迷走してしまったのだろうか。それはそもそもヤルタ会議が開かれることになった経緯にも原因があった。そこで、ヤルタ会議がなぜ開催されることになったのかを『アメリカ合衆国外交文書集』とカール・ムント文書から明らかにしよう。

ヤルタ会議はルーズヴェルトの選挙対策だった

四四年は大統領選挙の年だった。ルーズヴェルトは史上例のない大統領四選に臨んでいた。現在と違って当時は、世論調査が頻繁になされていなかったため、選挙の帰趨を予測することは難しく、彼は選挙戦を有利にするためにできることはなんでもしなければならなかった。[19]

ルーズヴェルトは有権者にアピールするよう、英国のトップ、チャーチルとソ連のトップ、スターリンとの巨頭会談を開き、戦争終結のための協議をすることを考え付いた。[20] ドイツとの戦争を早期に終結させ、日本にも白旗を挙げさせるのに手っ取り早いのは、ソ連に対日戦争に参加させることだ、と考えたのだ。問題はスターリンがこの誘いに乗ってくるか、だった。

スターリングラードの戦いですでにヨーロッパでの勝敗の帰趨は決していて、ドイツは敗走を続けていたがスターリンは忙しかった。東ヨーロッパに支配地域を広げ、傀儡《かいらい》政権を作らなければならなかったからだ。それに、ドイツの敗戦が決まって、勢力地図がより明確になってからのほうが、嚙み合った議論ができるだろう。スターリンの側には会議を急ぐ理由はなかった。

事実、英ソ首脳は四四年の一〇月九日にモスクワで次のようなパーセンテージ協定と呼ばれる東ヨーロッパ分割案を議論し、合意に達していた。[21]

対象国	イギリス	ソ連	その他
ルーマニア	0%	90%	10%
ギリシャ	90%	10%	
ユーゴスラビア	50%	50%	
ハンガリー	50%	50%	
ブルガリア		75%	25%

いうまでもないことだが、これは英ソで勝手に決めていいことではない。当該国の国民はもちろん、アメリカの承認もいる。

そこで、駐ソ米大使ウィリアム・アヴェレル・ハリマンがこの話の相談に与ることになる。このとき、ハリマンは巨頭会談のことをスターリンに打診した。するとスターリンは、カイロ会議のときから対日参戦するにあたって米英に「政治的問題」が解決されなければならないといっていたが、次の巨頭会談でそのことを話したいとも伝えた。婉曲ないい方だが「政治的問題」とは対日参戦と引き換えにソ連に渡す利権のことだ。のちに「極東密約」と呼ばれるもので、南樺太の返還、千島列島の引き渡し、満州の利権の取得を斡旋するというものだった。つまり、参戦の見返りというエサで釣って、巨頭会談に応じさせたのだ。[22]

このようにして巨頭会談は開催までこぎつけた。場所はソ連の領土、クリミア半島の南端のヤルタ。問題は、この会議でルーズヴェルトが行った信じがたい言動である。ヤルタ到着後、ルーズヴェルトは会議場にいく途上で周辺が荒れ果てているのに気付いて「なぜクリミアはこうも荒廃しているのか」と尋ねた。

スターリンが「ドイツ軍によるものだ」と答えると「ではドイツ軍将校を五万人ほど処刑しよう」と提案している。[23]

さらにドイツをどう処理するかという話になるとルーズヴェルトはソ連にドイツの約

八〇パーセントの工業設備と約二〇〇万人の労働力を持ち去らせ、農業国にしてしまおうといった。チャーチルが「それではドイツという馬は働けなくなります、干草ぐらいは残してやりましょう」ととりなすほどだった。

ソ連はのちに満州に侵攻し、現地のあらゆる日本の工業設備を持ち去っただけでなく、ポツダム宣言に違反して、約六〇万人の日本の軍民をシベリアに送り、強制労働させた。しかも、今にいたるまで謝罪も補償もしていない。

こうした非道な行為も、スターリンにしてみれば、ヤルタでドイツに対して行っていいとルーズヴェルトとチャーチルが認めたのと同様の行いを、同じ敗戦国の日本にして何が悪いということになる。

さらにルーズヴェルトは、まるで最後の審判を下す神になったかのような発言をする。敗戦国ドイツの生活水準がソ連を上回ることがないようにしようとスターリンにいったのだ（日本占領のときも、占領軍は日本を農業国家にし、生活水準を戦勝国の中華民国よりも低く保つべきだという議論をしている）。

また、彼は、チャーチルのいないところでは、スターリンに敗戦後のベルリン占領にはフランスを加えようと主張している。[24] ルーズヴェルトは、本音では植民地主義を捨てようとしないチャーチルを嫌悪していて、イギリスが戦後世界で主導権を握ることを警戒していた。実際、国際連合を作ったとき、彼の意向が反映されて戦勝国でもないフランスが、拒否権を持つ安全保障理事会の常任理事国になっている。

ポーランド問題にしても、共産党系のルブリン政権を推すソ連に対して、イギリスはロンドンの亡命政権を擁護する立場から、自由選挙によってポーランド人民に決めさせようとチャーチルが頑張っていたにもかかわらず、ルーズヴェルトはイギリスを積極的に支持しようとはしなかった。

ルーズヴェルトの人間性を疑わせるのは、四一年八月の大西洋会談でチャーチルとともに、あらゆる国（敗戦国も含む）に対して、政体選択の自由と領土保全が認められると決めたにもかかわらず、これに反する政治的取引をスターリンとしていることだ。つまり、ルーズヴェルトはスターリンが東ヨーロッパの人民から政体選択の自由を奪うのを黙認し、ドイツと日本から領土を奪う取り決めをしている。これは、当時であっても極めて横暴で無法な行為である。

自国のものでもないのに勝手にソ連に与える

たしかに大西洋憲章は、英米二国間で決めたもので、ソ連は参加していない。だが、この憲章を両首脳は恒久的世界平和維持のための原則としているのだから、二カ国だけ守ってソ連には適用しないのでは意味がない。

しかも、ルーズヴェルトは、自国の領土をソ連に与えると約束したのならともかく、日本固有の領土、即ち南樺太と千島列島をソ連に与えると約束している。

ドイツの場合もドイツの東部をポーランドに編入し、ポーランドの東部をソ連領に組み入れている。つまり、ポーランドは東部でソ連に割譲し、西部でドイツ領を得たことで、国土全体が西に移動した形になっている。間接的ながらソ連はドイツから領土を奪ったのだ。

ルーズヴェルトは、ソ連が軍事力でドイツや日本の領土を奪うのを黙認するというレベルにとどまらず、自らはそれらの領土になんの権利もないのに、あたかもあるかのように振舞って、ソ連に与えることを承認したり、約束したりしている。

決して見逃すことができないのは、極東密約のなかでソ連との取引材料とされた東清鉄道、南満州鉄道、大連、旅順の利権は、敗戦国どころか、同盟国である中華民国のものだということだ。アジアの同盟国は、敗戦国と同等だとでも思っているようだ。ルーズヴェルトのモラルのなさは想像を絶している。

ルーズヴェルトは、日米開戦以前から、戦争を繰り返さないための恒久的平和維持機構として、国際連合を創設するという理想を掲げていた。ウッドロー・ウィルソン大統領が失敗したこと（国際連盟による国際秩序の確立）を成功させるということが彼の政治目標だった。

にもかかわらず、理事国となることを想定しているソ連に、他国の領土を奪うことを承認したり、両国の交渉の取引材料に使ったりするのでは、この国際機構の先は見えている。事実、今日のわれわれがよく知っているように、このあとの国際連合は恒久的平和維持機構というより、強国のエゴを小国に押し付ける大国クラブに堕してしまう。これはルーズヴェルトが現実主義的だったということではなく、節操がなかったのだといわざるを得ない。

こうしたルーズヴェルトの言動は、決して当時の大国の「常識」であったわけではない。モスクワ会談で極東密約の大枠が決まったあとで、国務省はハリマン大使とスターリンの間で話し合われた千島列島全体の引き渡しに問題がないかどうか調査している。その結果、南千島（北方四島）は、歴史的にも住民の実態からも北海道の一部なので、ソ連への引き渡し対象からは除外すべきだと結論しているのだ。国務省はそれを勧告書にまとめルーズヴェルトに提出していた（後述）。

しかし、ルーズヴェルトがヤルタで南千島についての報告書や勧告書を読んだ形跡はない。したがって、彼はスターリンと話したとき、千島列島の引き渡しについてなんら条件を付けなかった。

ヤルタ会議の当時、ルーズヴェルトの健康状態が悪化していて、とても会議に耐えうる体でなかったことはさまざまな研究から明らかにされている。もし、健康で、より気力が充実した状態で、万全の準備を整えてヤルタ会議に臨んでいたならその後の世界はどうなっていただろうか。

あるいは三巨頭会談という派手な形で一挙にではなく、前年のモスクワでの交渉のように、地味ではあるが関係者による個別交渉を重ねて、議題の一つ一つに十分時間をかけて、今日のような提案を練り上げていく方式を選んでいたならば、今の世界はどうなっていただろうか。

少なくともルーズヴェルトはポーランド問題や千島列島問題でスターリンともう少し粘り強い交渉をしていたのではないか。そう考えると、やはり、ヤルタ会議は必要がなく、また、開くべきではなかったという結論に行き着く。

のちのことになるが、結局、ポーランドで自由選挙は行われず、帰国したロンドンの亡命政権の幹部は逮捕され、ルブリン政権のポーランド支配が確定してしまう。スターリンは約束を守らなかったのだ。これに対しアメリカも五二年のサンフランシスコ講和条約批准のとき、極東密約の批准を正式に否決した。つまり、アメリカ政府もルーズヴェルトがした約束を守らないことを議会で決めたのだ。

会議文書の管理はきわめて杜撰だった

最後に非難すべきは、ルーズヴェルト政権の文書管理の杜撰《ずさん》さと秘密主義だ。これは五五年にカイロ会議、テヘラン会議、ヤルタ会議の文書を『アメリカ合衆国外交文書集』にまとめる際に明らかになった。ヤルタ会議（カイロ・テヘラン会議もだが）の会議の内容は、速記記録もされず、議事録も作られなかった。現存する関連文書はハリマン大使や通訳となったチャールズ・ボーレン国務次官補が個人的に保存していた書簡やメモであって、会話の内容をそのまま再現するとか、正確に記録したといったものではない。

しかも、問題はアルジャー・ヒス特殊政治問題局長が会議の文書や資料を用意する事務方のトップとして会議スタッフに入っていた点だ。彼はのちにソ連のスパイだとしてマッカーシズムの標的となった人物である。

ルーズヴェルトに渡されるべき報告書や勧告書が渡っていなかったり、記録されているべき議論が記録されていなかったり、あるいは不正確だったり、きちんと保存され、管理されているべき文書が管理されていなかったりという問題がいたるところに見受けられる。これはもともとが杜撰だったうえに、ヒスの作為もあったからだろう。少なくとも上院外交委員会のドンにして非米活動調査委員会の委員長だったカール・ムント上院議員は、これをヒスの仕業だとして糾弾している。[25] つまり、日本の北方領土は、ソ連のスパイによって盗み取られたともいえるのだ。これについては次章で詳述する。

このような経緯を知れば、なぜこれらの会議の記録保存と文書管理が杜撰だったのかがうなずけるし、そのことを隠蔽《いんぺい》しようとしたのかもわかる。

これまで見てきたように、ヤルタ会議は、ルーズヴェルトが個人的利害から開き、米英ソ首脳が思いつくまま自己中心的な主張を述べ、記録もきちんととらず、一応協定書は作成するが、その中身もあとで都合が悪くなれば無視し、反古《ほご》にするというものだった。これらに基づくものが体制なり、秩序になりうるだろうか。

このようなヤルタ会議の中心にいたアメリカに戦後秩序について語る資格はどこまであるのだろう。ましてや、日本軍と戦争はしたが、勝利してはいない毛沢東の共産党軍が打ち立てた現在の中国は、戦勝国でもなく、ポツダム宣言の署名国ではなく、サンフランシスコ講和条約の署名国でもない。日本に対して戦後秩序を守れという資格はない。「日本は戦後秩序を守れ」とはプロパガンダにすぎないのだ。

第４章　北方領土はこうして失われた

極東密約はポツダムではなくモスクワで話し合われた

『アメリカ合衆国外交文書集』の「ヤルタ・マルタ会議」全体を通読してみると、意外なことに気が付く。ヤルタ会議では、極東密約はほとんど議論されていないのだ。特に日本にとって重要な項目、ドイツ敗戦の三ヶ月後にソ連が対日参戦するという項目が正面から取り上げられたことはない。千島列島をソ連に引き渡すという項目については、はっきり議論されていない。

この会議では、議題だけでなく、結論までもが事前に詰められていたばかりか、会議で議論などほとんどなされずに、結論だけが協定書に入れられたものもあった。前に述べた二つの項目がまさしくこれに該当する。では、極東密約のこれらの項目は、いつどこで決まったのだろうか。ソ連の対日参戦の項目に関していうと、前年四四年の一〇月のモスクワ会談の時である。また、千島列島のソ連への引き渡しについては、四四年一二月一四日の駐ソ米大使ハリマンとスターリンとの間の会談だった。

まず、対日参戦を決めた四四年一〇月のモスクワ会談から見ていこう。この会議はチャーチルとスターリンらソ連首脳との間でドイツ敗戦後の東ヨーロッパの分割を決めたものとして知られている。

あまり知られていないのは、前の章でも見たように、この会議にはアメリカ側も途中参加し、ソ連の対日参戦も議論されていることだ。これをハリマンは、四四年一〇月一〇日付の書簡で、次のようにルーズヴェルトに伝えている。

「私たちは今やスターリンから太平洋の戦争に参加するだけでなく、それに全力を傾注するという同意を得ました。したがって今重要なのはロシア（ママ）の極東での軍事的能力を確認することです」[26]

アメリカ側は単にソ連が対日参戦するという言葉だけでは満足しなかった。テヘラン会議でもソ連は対日参戦することを否定しなかったが、ドイツと戦っていることを理由に渋ってきた。このことを踏まえて、ハリマンはこの翌日、大統領に次のように許可を求めた。

「あなたのお許しを得て金曜日（筆者注・原文のママ。実際は日曜日）の午後にスターリンとソ連軍幹部を一方の側、（ウィンストン・）チャーチル、（アラン・）ブルック（英国参謀総長）、（ヘイスティングズ・）イズメイ（英国陸軍大将）、（ジョン・）ディーン（駐ソ軍事使節団長、陸軍中将）、私をもう一方の側として会議を開きたいと思います。チャーチルはこの会議の主たる目的は次のものになるということに同意してくれました。つまり、統合参謀本部がディーンに送った電報で取り上げた問題、すなわちドイツの崩壊後どのくらいでスターリンは日本に対して能動的手段を取るのか、ロシア（ママ）の軍事的能力はおおよそどのようなものになるか、というような幅広い問題についてスターリンから聞きだすことです」

ハリマンがルーズヴェルトに許可を求めた会談は、四日後の一〇月一五日に実現した。出席者はアメリカ側がディーンとハリマン、ソ連側がスターリン、ヴャチェスラフ・モロトフ外相、そして英国側からもチャーチル、ブルック、イズメイなど五名が出席した。

この席で英米側は次の四点についてソ連側に問いただした。

1. ドイツの崩壊後どのくらいでソ連は対日戦を始めるのか。
2. ソ連軍の攻撃はどのくらい続くか。
3. シベリア横断鉄道のどの部分をソ連・アメリカの空軍基地のために割くのか。
4. ソ連はソ連戦略空軍の設立に同意し、訓練に取り掛かる用意があるか。[27]

これに対しソ連側のアントーノフ将軍は、「(日本) 攻撃の道はロシア人に開かれている、日本を攻撃する前に、ロシア軍を今極東に配備している三〇個師団にさらに三〇個師団を増やして合計で六〇個師団にする必要がある。この増強はドイツ崩壊後二ヶ月半から三ヶ月以内にできる」と答えた。スターリンは、「二、三ヶ月分の陸軍の食料と空軍の燃料の蓄積と、ソフガワニーコムソモリスク鉄道を完成するための鉄道設備品とレールの輸送をすぐに始めたい。(中略) 対日戦争はそんなに長く続かないだろう、もし食料や燃料の蓄積を今進めれば、ドイツ崩壊後二、三ヶ月後に対日戦を始めることができるだろう。明確な日付を決めることはできないが、計画にすぐにとりかかろう」といった。

ソ連側は単にドイツの敗戦の二、三ヶ月後に対日参戦すると約束しただけでなく、それがどのくらい続くと見込んでいるのか、そのために物資補給計画をどのくらい具体的に立てているかを英米側に示している。これならソ連は本当に対日参戦すると英米側も納得しただろう。そして、私たちはなぜ極東密約で、ソ連の参戦がドイツ敗戦後の二、三ヶ月後となっているのか、ここでその具体的な根拠を知ることができる。

次に、四四年一二月一五日付の「ハリマンから大統領への極秘報告」をもとに、ソ連への南樺太と千島列島の帰属を決めたハリマン－スターリン会談をみてみよう。

「昨晩のスターリンとの会談で、あなた（ルーズヴェルト）が、一〇月に彼（スターリン）が述べていた政治的問題をロシア（ママ）の対日参戦との関連で明確にしておくことを求めていると伝えました。すると彼は隣の部屋へ行って地図を持ってきました。彼は千島列島と樺太南部はロシアに返還されるべきだと主張しました。（中略）彼（スターリン）は旅順と大連を含む遼東半島南部に線を引いてロシアはこの両港とその周辺地を再び租借したいと要求しました。（中略）スターリンはさらに東清鉄道（the Chinese-Eastern Railway）も借り受けたいといいました。私が彼に満州のどの線に興味があるのか明確にするよう求めると、彼は大連からハルビンまでの線、そこ（ハルビン）から満州里までの線と東にウラジオストックへ延びる線だといいました。彼が興味を持っている満州の鉄道はこれらの線だけかと確認したところ、彼はそうだと答えました。（中略）テヘラン会議で言及していなくて今回考慮を求める唯一の問題は、外モンゴルの現状の再確認、つまりモンゴル人民共和国の独立国としての現状維持だといいました」[28]

文中「彼が一〇月に述べていた政治的問題」とは、対日参戦するときに、その条件としてスターリンが言及していた政治的問題のことだ。要するに、対日参戦する条件のことを指している。そして、ここにはのちに極東密約に含められることになる項目がすべて挙げられている。ただし、引用文にもあるように、これらの項目のなかで、テヘラン会議で話し合われていないのは、最後の外モンゴルの現状維持だけで、あとはすべてすでに話されていた。したがって、この会談では、これらの項目が話し合われたというより、最終確認されたというほうが正しい。

国務省は北方四島を日本に残すよう勧告

われわれ日本人にとって極めて重要な事実は、この極秘報告がハリマンからルーズヴェルトに伝えられたあと、前章でも触れたように、国務省がこれを検討して「領土問題、千島列島」という勧告書を一二月二八日付で大統領に提出していることだ。

この文書は、千島列島の領有についてのそれまでの経緯や日ソの主張などを紹介し、北千島、中千島、南千島の住民の居住の実態を分析したうえで、大統領に次のように勧告している。

「1．南千島は日本の領有のままとし、大日本帝国全体に非武装の原則を適用する。

2．北千島と中千島は計画されている国際機関（のちの国際連合）の元に置かれ、ソ連にその施政権を委ねる。

3．どのような場合でも、千島における漁業権を日本が保持することが考慮されるべきである。」[29]

この当時日米が敵同士だったことを考えると、これは日本に対してきわめて寛大な内容だといえる。だが、その理由となっている住民の居住の実態や漁業の実績の分析を読むと、決して無理な結論ではないことがわかる。

いかに閣僚の意見に耳を貸さない独善的なルーズヴェルトであっても、これを読めば、スターリンの要求に修正を加えるだろうと思わせる説得力のある勧告書だった。

このような準備のあとで、二月四日からヤルタ会議が行われた。だが、主にソ連領内にアメリカの空軍基地を作る話とか、物資補給のことなどが議論され、ドイツ敗戦の二、三ヶ月後に対日参戦することについて正面切って論じられることはなかった。

それにもっとも近いのは二月七日に米・ソ軍事派遣団会議でなされたものだが、ここではソ連の対日参戦は「あるとすれば」という仮定の話として軍幹部の間で議論されている。翌日の首脳会談でも、ルーズヴェルトはスターリンに「一旦、日本との戦争が始まれば、太平洋から東シベリアへの補給ルートが重要になるのではないか」と補給ルートの重要性を説くだけで、参戦せよとも、いつせよともいっていない。これでは、「ドイツ敗戦ののち対日参戦すると約束した」四三年一一月のテヘラン会議のときと変わりない。[30]

なぜこのような触れ方をしたのかは、四四年一〇月一七日付「ディーン・統合参謀本部会議ノート」を読めばわかる。

「スターリンはまだ文書がない今の段階から、われわれの準備が秘密にできるかどうかを大いに心配している。もし日本人がわれわれの計画に気付いたら彼らはただちにウラジオストック地域を奪おうとするだろう。（中略）彼は参戦前の日本の攻撃を恐れているようだが、軍備の増強が終われば、秘密の大部分を解除すると繰り返し述べた」[31]

ヤルタ会議当時、ドイツはまだ戦っていたので、ソ連軍の東への動員は始まってもいなかった。だから、スターリンは対日参戦のことが日本に漏れることを恐れて、会議でも秘密扱いにしていたのだ。

千島引き渡しははっきりと議論されていない

では、現在の日本人にとって最も重要な部分、つまり千島列島の引き渡しは、ヤルタ会議でどのように議論されたのだろうか。

かろうじて千島の引き渡しについて議論したととれるのは、『アメリカ合衆国外交文書集』のなかにある二月八日付ルーズヴェルト-スターリン会談のボーレン・メモの以下の部分だけだ。

「大統領はこの会談の報告を受け取っている、そして、戦争の終わりに樺太の南半分と千島列島がソ連にいくことに関してはいかなる困難もないといった（傍線筆者）」（傍線部分の原文は、there would be no difficulty whatsoever in regard to the Southern half of Sakhalin and the Kurile Islands going to Russia at the end of war）[32]

引用文中の「この会談」とは、先ほど触れた四四年一二月一四日のスターリンとハリマンとの間で持たれた極東密約の内容をほぼ決めた会談のことだ。

ルーズヴェルトがこのときの「ハリマン＝スターリン会談報告書」を会議前あるいは会議場で受け取り、読んでいることをスターリンは承知していた。だからスターリンは、このようなきわめて婉曲な表現であっても、千島引き渡し条項に合意が得られたと受け止めた。前述の報告書を読んでいない人間が聞けば、「戦争が終わるころには日本が完全に軍事力を失っているのでなんの困難もなく南樺太と千島列島はソ連の手に落ちるだろう」という意味で大統領がいっている、ととるだろう。

ルーズヴェルトもまた、はたで聞いている人間にはそのように聞こえるよう意図して言葉を選んでいる。だが、これで二人の間で合意は成立したことになるのだ。

問題なのは、国務省の例の勧告書がまったく言及されていないことだ。この文書を大統領が読んでいれば、ソ連の要求通りでは日本との間に領土問題が起こるので、南千島は日本に残すとか、領土ではなく、施政権をソ連に引き渡すといった修正案の議論がなされそうなものだが、その形跡はまったくない。

五五年にこの問題を調査したカール・ムントは、「ルーズヴェルトが勧告書を読んだ形跡がない」といっている。なぜ、このようなことが起きたのだろうか。ムントは、これはヒスの国家反逆行為によるものだとしている。[33]

北方四島を引き渡しに含めたのはソ連のスパイ

五〇年にアメリカで吹き荒れたマッカーシズムのなかで国務省の高官ヒスがソ連のスパイとして槍玉《やりだま》に挙げられたことはよく知られている。彼は非米活動調査委員会に喚問され、そこでの偽証の罪で懲役五年の刑を受けたが、実際にスパイだったかどうかは疑問視されていた。マッカーシズム自体が、共産主義者への行き過ぎた弾圧であり、また無辜《むこ》の民を犠牲にした、という見方は現在ではよくいわれるところだ。

ところが、九〇年代から機密文書の発掘によってＫＧＢなどの研究が進んだ結果、ヒスに関していえば、実際に彼は三〇年代にアメリカに潜入した赤軍参謀本部第四部のボリス・バザロフにリクルートされたスパイだったことが分かった。ニューヨークの弁護士事務所に勤めていたハーヴァード大学法学院出身の弁護士ヒスは、より重要な情報にアクセスするため、三三年に高給を得ていた弁護士の職を離れ、いくつかの公社勤務を経たのち、三六年に国務省に入った。ここには、ソ連の別の諜報組織、チェーカ（正式名称は反革命・サボタージュ取締全ロシア非常委員会）対外諜報部に所属するイスハーク・アフメーロフが「培養」していたノエル・フィールド（のちにアメリカ諜報機関OSSと国務省の連絡係になる）とロレンス・ダガン（のちに南米課長になる）がいた。特に後者は、三〇年代中頃から、国務省の機密書類をマイクロフィルムにとり、アフメーロフに渡していたことが分かっている。

あきれたことに、ソ連の複数の諜報機関が、それぞれ別々に、アメリカ政府機関の職員を多数スパイにリクルートし、そのことを彼らには知らせずに「運営」していた。このため、ヒスは同じくハーヴァード出身のダガンに参謀本部第四部のスパイになるようしつこく迫って、アフメーロフを苦笑させた。アフメーロフとバザロフは、自分が「運営」しているスパイについて情報交換していたので、誰がソ連のどの諜報機関のために何をしているか把握していた。このことは、大恐慌から冷戦が始まるまでの間、アメリカの政府機関がどれほどソ連の諜報機関からの浸透を受けていたかを示している。[34]

ヒスは国務省内で順調に出世し、四四年には国務省特殊政治問題局長になり、翌年の二月に開催されたヤルタ会議の準備を担当した。アメリカはよりによってソ連のスパイに戦後処理を決める首脳会談を取り仕切らせてしまったのだ。

ヒスはスターリンに対して、アメリカ側の手の内をすっかりさらけ出す以上のことができた。それを理解するためには、ヤルタ会議がどのように行われたかを説明する必要がある。「ヤルタ会議文書」は、ほとんどの議題を事前に協議し、一通りの結論を出し、それらを文書やメモにまとめたあと、実際のヤルタ会議の場で、三カ国首脳がそれらを確認し、異論があれば訂正し、さらに議論が必要になれば、先送りするというやり方で進められていたことを明らかにしている。

このような会議では、事前に議題を整理し、結論をまとめた文書やメモを用意することが、会議の結論を左右することになるのだが、ヤルタ会議においてこれをしたのがヒスだったのだ。[35]

つまり、一二月二八日付の国務省の勧告書は、事前ないしはヤルタ会議の場で参照されるべき文書のなかに入れられていなかったために、ルーズヴェルトの目に触れることなく、葬り去られてしまったのだ（欧米の研究者は同じことが東欧の扱いに関する協議でも起こったとしている）。

四四年一二月一五日にハリマンが大統領に伝えたスターリンの要求項目のうち、ヤルタ会議で実質的に議論がされたのは、旅順と大連の租借に関するものだけだ。それも、ルーズヴェルトは二月一〇日の会議で、租借ではなく、国際港（つまりソ連の艦船だけでなく、他国の艦船も自由に出入りできる港）にすべきではないかとスターリンに再考を促したが、実はこれはスターリンの要求を聞いたときハリマンがすでに個人的に述べていた見解だった。

このようにヤルタ会議では、「極東密約」はほとんど議論されなかった。チャーチルも『第二次大戦回顧録』において「極東問題は、ヤルタにおける正式の討議においては、何らふれられなかった」と述べている。[36]

にもかかわらず、今日の私たちが知っている形の千島列島の引き渡し条項を含む極東密約の協定書は存在する。ということは、会議では、一つ一つの項目について話し合い、一つずつ合意を取り付けていくというのではなく、極端にいえば、めいめいが話したいことを話したあとで、すでに用意された協定書に三巨頭が署名するという決定方法がとられたということだ。チャーチルも前の引用のあとで「翌二月十一日私は、大統領とスターリンとが、前日の午後草案を作った協定書をみせられたので、私は、英国政府を代表してそれに署名した」ともいっている。つまり、ルーズヴェルト、スターリン、チャーチルは正式な討議をすることなく、協定書に署名したのだ。これによってヒスに付け入る隙を与えてしまった。

アメリカ議会は極東密約を破棄した

このような歴史的事実がわかれば、その後起こったこともよく理解できる。

ソ連は東京湾上の戦艦ミズーリ号で日米の終戦協定が結ばれた三日後に南千島を含む千島列島全体の占領を完了させた。だが、アメリカは、これを傍観していた。戦争が終わろうとしているときに、アメリカから見て小さな島々のことでソ連とことを構えたくなかったからだ。

しかし、冷戦が激化し、朝鮮戦争が勃発し、ヒスがソ連のスパイだという疑いが強くなってからは態度を変えた。

五二年三月二〇日、アメリカ上院でサンフランシスコ講和条約の批准が可決されたとき、付帯決議として以下のようにこの極東密約の批准を否決した。

「上院の助言と決議として、上院はこの条約（サンフランシスコ講和条約）の中には、日本と条約に定める連合国が南樺太やその周辺の島々、千島列島、歯舞、色丹、その他日本が一九四一年一二月七日まで領有していた領土に関する権利や名称や利益をソ連に有利に思われるように減少させたり、誤解させたり、権利や名称や利益がソ連のものであることに合意したとみなされるものはまったくないことを明言する。また、この条約やそれについての上院の助言と同意には、一九四五年二月一一日付の日本に関するいわゆるヤルタ合意に含まれるソ連に有利な条項をアメリカ合衆国が承認したと示唆するものは何もない。（傍線筆者）」[37]

引用文でも明らかなように、アメリカ議会は明確に批准を拒否した。だから、ソ連は、北方四島はもちろんのこと、千島列島全体と南樺太を領有する権利も持たないことになった。日本が放棄させられた千島列島や南樺太も、ソ連に引き渡すとはしていないので、今後の話し合いによっては、日本が委任統治したり、ふたたび実効支配したりするということもありうる。事実、南樺太返還期成同盟が八〇年四月一五日にアメリカ国務省にそのような申し入れをし、話し合いを持ったことがある。[38]

とはいえ、日本人はアメリカ議会が極東密約を否決したことに感謝する必要はない。もともとこの密約は、ヒスの暗躍がなくても、あってはならない、国際信義に反するものである。

何より、アメリカは五六年の日ソ国交正常化交渉で北方領土に関して日ソが合意に達しようとしていたとき、このサンフランシスコ講話条約を根拠に横槍を入れてきている。

ヤルタ極東密約を反古にしたアメリカは、これら四一年一二月七日まで日本領だった地域でソ連に対して領土に関する権利や名称を与えるならば、アメリカにも同じ恩恵を与えなければならないと迫ったのだ。つまり、ソ連は北方領土になんの権利も持たないとアメリカが認めたのだから、歯舞・色丹・国後・択捉の四島一括返還ではなく、歯舞・色丹二島返還で妥協を図るということは、ソ連に国後・択捉を与えたことになる。

サンフランシスコ講和条約は、このような恩恵を「同盟国」（ソ連はこの条約に署名していないので「同盟国」ではない）以外の国に与えるならば、同等の権利を署名国に与えなければならないとしている。だから、この条約をまとめたジョン・フォスター・ダレスは、ソ連に国後・択捉を渡すならば、アメリカは沖縄を貰い受ける（当時すでに占領していたので、正式に併合するということ）と日本を脅した。こうしてアメリカは日ソ国交正常化を挫折させ、日本がソ連に接近することを妨げたのである。北方領土の問題が終戦のときから今にいたるまでそのままにされてきたのは、アメリカのせいでもあったのだ。[39]

とはいえ、武力によって奪われた領土を話し合いによって回復するのは至難の業だ。日本が武力を使わずにロシアに圧力をかけるとすれば、アメリカを含む複数の国を味方につける必要がある。これまで見た歴史的経緯があっても、あるいはあるがゆえに、回復を目指す動きを加速させるために、アメリカにこれまで以上に重要な役割を演じてもらわなければならない。そのためには、日本はそのようなことをすることもアメリカが厭わないような重要なパートナーにならなければならない。もちろん、これも武力を使わずに失地を回復するのと同じくらい難しいことである。

第5章　ポツダム宣言に「日本の戦争は間違い」という文言は存在しない

志位委員長、天に唾する

二〇一五年五月二〇日の国会の党首討論で、安倍晋三首相と共産党の志位和夫委員長との間で次のようなやりとりがあり、話題になった。

志位委員長「総理はポツダム宣言の、日本の戦争は間違った戦争であるという認識をお認めにならないのですか」

首相「我々はポツダム宣言を受諾をし敗戦となりました。ポツダム宣言の、その部分を、私はつまびらかに読んでないので今ここで論評することは差し控えたいと思います」

志位氏の論理は「日本の戦争は間違いである」としたポツダム宣言を日本は受諾し、

降伏したのだから、日本は先の戦争を間違いであると認めたのだ、だから安倍よ、あの戦争が間違いであったと認めよ、ということだ。首相は「間違いではない」といえば、国内外の反日メディアが大喜びでこの発言を世界に広めるので、賢明にもこうかわしたのだろう。

このやり取りについて、安倍政権に批判的な論者やメディアは「首相はポツダム宣言すら読んでいない」と勢いづいて批判していた。

しかし、この勝負志位氏の勝ちで、安倍氏の負けだろうか。歴史的事実に照らせば逆である。ポツダム宣言中には、少なくとも「日本の戦争は間違いである」と解釈できる部分はない。最もそれに近いことを言っているのは、次の第四条と第六条だ。

「四．日本が、誤った計算により自国を滅亡の淵に追い込んだ軍国主義的助言者の支配を受け続けるか、それとも理性の道を歩むかを選ぶべき時が到来したのだ」

「六．日本国民を欺いて世界征服に乗り出す過ちを犯させた勢力を永久に除去する。無責任な軍国主義が世界から駆逐されるまでは、平和と安全と正義の新秩序も現れ得ないからである」

問題は主語である。第四条では、「自国を滅亡の淵に追い込んだ」のは「軍国主義的助言者」になっている。第六条でも「日本国民を欺いて世界征服に乗り出す過ちを犯させた」のは「過ちを犯させた勢力」、「無責任な軍国主義」になっている。[40]

ポツダム宣言ではJapan（日本）、the people of Japan（日本国民）、the government of Japan（日本政府）、the Japanese armed forces（日本軍）、militaristic advisers（軍国主義的助言者）という主語が注意深く使い分けられていて、決して混同されていない。何より、天皇にも皇室にも言及されていない。これは偶然ではなく、そこに作成者が細心の注意を払っていたからだ。

特に注目すべきは、第四、第六条でも明らかなように、軍国主義（それを奉じる人々）、軍国主義的助言者と日本（および皇室）、日本国民、日本政府をはっきり区別していて、誤っていたのは、前者であって、後者はその被害者だとしていることだ。前者は日本軍や日本の軍部とすら区別されている。これは草案の段階からあったもので、まさしくそれを意図しているのだ。

つまり、戦争責任は軍国主義と軍国主義的助言者（日本軍や日本の軍部ではない）にあるのであって、連合国はけっして日本（天皇）や日本国民に戦争の責任を負わせたり、その罪を問うたりしない、また、「無条件降伏」を求めるのは日本軍にであって、日本や日本国民にではない、だから早期に降伏せよということだ。

ポツダム宣言の作成者は、日本側がこれを受け取ったときに「日本の戦争は間違いである」といわれたと受け取ることがないよう細心の注意を払ってこのような表現にしたのである。なぜなら、志位氏のような言い方をしたなら、日本人および日本軍はポツダム宣言を受諾できず、本土決戦を決意することを知っていたからだ。また、彼らは、自らの開戦期の経験（前述）から、日本がアメリカに「間違った戦争」を仕掛けたのではないことをよく知っていた。

志位氏は「日本の戦争は間違いである」といったが、この物言いは、軍国主義、軍国主義的助言者と日本（天皇）、日本国民を明確に区別してあるものを、わざわざ混同させており、ポツダム宣言の趣旨を捻じ曲げたものといえる。

志位氏は驚くだろうが、もとはといえばこの宣言は、日本を開戦に追い込んだルーズヴェルト大統領の仕打ちを批判し続けた「碧い眼の天皇崇拝者」が、皇室を残すために考え出したものなのだ。したがって、志位氏の恣意的な解釈は、この作成者の意図から見てもまったくの誤りだといえる。

そこで、以下では、ポツダム宣言は誰が何のために作ったのか、それがどのように変遷して、四五年七月二六日に出されることになったのか、その経緯をたどってみたい。

グルーはルーズヴェルトの方針に反対した

四三年一月二四日、ルーズヴェルトは突如として「無条件降伏」方針を唱え始めた。[41]つまり、敵国が無条件降伏するまで戦争を止めないということだ。なぜ、このような方針を打ち出したかといえば、日本軍はミッドウェー海戦以来頽勢が明らかで、ドイツ軍もスターリングラードの戦いで崩壊しつつあったからだ。これを見て、英国が日本と、またソ連がドイツとそれぞれ単独講和を結ぶ恐れがあった。だから、敵国が無条件降伏するまで戦争を遂行することを原則とすることで、英国とソ連の戦線離脱を防ごうとしたのだ。

しかし、この方針は敵国の徹底抗戦を招き、無用に戦争を長引かせるとして陸海軍の幹部はもとより、国務長官コーデル・ハルまで反対した。にもかかわらずルーズヴェルトは死ぬまでこの方針に固執した。これについては次章で詳しく述べたい。

四五年四月一二日にルーズヴェルトが死去し、大統領職をトルーマンが引き継いだが、新大統領は律儀にも就任後四月一六日のアメリカ議会上・下両院合同会議で前大統領の無条件降伏方針を変えないと表明し、その後のソ連との交渉の中でも方針変更はないと明言した。[42]

しかし、前年の四四年一二月に国務次官（二度目）となり、翌年一月に国務長官代理になっていたジョセフ・グルーは、軍の幹部や前国務長官のハルと同様、無駄に戦争を長引かせる無条件降伏方針に反対だった。加えて、彼は四五年三月の段階で、彼のかつての部下で当時ＯＳＳ（戦略情報局、ＣＩＡの前身）スイス支局長になっていたアレン・ダレスから、日本人が考えている降伏条件は皇室を残すことだけだというインテリジェンスを受けとっていた。これは、その後スイス、バチカン、スウェーデン、ポルトガルなどのヨーロッパの中立国のＯＳＳ局員からあがってきたインテリジェンスによって裏付けされた（詳しくは拙著『「スイス諜報網」の日米終戦工作』に譲る）。[43] これはグルーを大いに勇気づけた。彼は皇室の存続を条件として日本と早期講和を結ぶのが最良の策と考えていたからだ。

三二年以来約一〇年の長きにわたり駐日アメリカ大使を務めたグルーは、従来から日本の皇室と経済エリートを中心とした体制は、アメリカの金融資本の有利な投資先であり、またアメリカ大企業の技術の有望な移転先でもあるとして、アメリカの国益にとって必要だと考えていた（グルーの従弟は、金融界の大物J・P・モーガンである）。したがって、強硬な態度をとって日本を戦争に追い込むべきではないと開戦前から繰り返しルーズヴェルトに説いていた。

その努力もむなしく、ルーズヴェルトの強硬策が戦争を引き起こしてしまったが（グルーはそのように理解していた）、それが終わりつつあるとき、どういう巡り合わせか、国務次官となり、国務長官代理となった。グルーの日本に対する考え方は、このときいささかも変わってはいなかった。

皇室を中心とした保守的エリート層を温存して、日本の共産化を防ぎ、戦後もアメリカ金融資本と大企業の優良な投資先・技術移転先としていきたい、そのため破壊と労働力喪失がこれ以上進まないよう早期に戦争を終結させたいというのが彼の思いだった。だから、日本人が考えている降伏条件は皇室の存続の保障のみというインテリジェンスがヨーロッパの中立国のOSSからあがってきたとき、彼は、我が意を得たり、と感じたのだった。

グルーはどう戦ったか

そのグルーに衝撃を与えたのは前大統領ルーズヴェルトの二つの負の遺産だった。ルーズヴェルトが死去したあと、彼の軍事顧問のウィリアム・リーヒ提督がホワイトハウスの金庫から「ヤルタ協定関係書類」を出してきて、トルーマン新大統領に渡した。その中には、ソ連に対日参戦と引き換えに南樺太、千島列島と満州での利権を引き渡すとした、いわゆる極東密約も含まれていた。[44]

この密約が実現すれば、共産主義がアジアに広まり、日本が共産化する恐れもでてきてしまう。そこで、グルーは五月八日にこの密約の破棄をトルーマンに勧告したが、五月一二日の三人委員会（陸軍・海軍・国務省の長官から成る）で、密約で引き渡されるとされた地域はいずれにせよソ連の勢力下に入ってしまうので、見直しをする意味はないという結論がでた。[45]

この過程で、グルーはルーズヴェルトが遺したもう一つの負の遺産（グルーから見て）があることをスティムソン陸軍長官から知らされた。極秘に開発されていた原爆が八月には使用可能になるということだ。グルーにとっては、前述の理由で、日本に原爆を使用するなど問題外だったが、開発責任者のスティムソンは使用に肯定的で、パールハーバーの騙し討ちへの復讐を公言しているトルーマンも消極的とは考えられなかった。

このときからグルーの早期和平の努力は、原爆投下とソ連の対日参戦の防止という意味を持つようになった。それを達成するには、皇室の維持を条件とした降伏案を日本側に提示するのが一番だ。しかし、これはルーズヴェルトの無条件降伏方針を引き継ぐとしたトルーマンらアメリカ政権幹部からは、これまでの方針に反する日本側への妥協だと受け止められた。

そこで、グルーは、表向き日本に対する最後通告ないし警告でありながら、事実上条件付き降伏案ととれるものを作成し、大統領に日本向けに発表させることを考えた。その草案の作成をグルーは五月二六日に駐日大使時代からの腹心で、当時国務次官補ジェイムズ・ダンの特別補佐をしていたユージン・ドゥーマン（以下、ドゥーマン）に電話で命じた。これがポツダム宣言の原型となる。[46]

ドゥーマンの父アイザック・ドゥーマンは、アメリカ国籍を取得した亡命イラン人のキリスト教宣教師だった。息子のドゥーマンは大阪に生まれ、幼年時代を奈良で過ごし、フランス語教育で有名な東京の暁星学園で財閥の子弟とともに教育を受けた。このためか、彼は幼い時から、キリスト教の神とは違った「現人神」としての天皇に神秘を感じ、魅了されていた。

皇室維持条項がポツダム宣言の肝だった

金融界に太いコネを持つグルーは、自らが属する階級の利益のために皇室の存続を望んだが、ドゥーマンは天皇に対する崇拝の念から、この世界的にも稀有な存在の存続を願った。したがってこの草案の第一二条が次のようになっていたのは不思議ではなかった。

「連合国の占領軍は、これらの目的（侵略的軍国主義の根絶）が達成され、いかなる疑いもなく日本人を代表する平和的な責任ある政府が樹立され次第、日本から撤退するであろう。もし、平和愛好諸国が日本における侵略的軍国主義の将来の発展を不可能にするべき平和政策を遂行する芽が植えつけられたと確信するならば、これは現在の皇室のもとでの立憲君主制を含むこととする」[47]

いうまでもなく、この草案の眼目は、最後の皇室の存続についての部分にあった。このほかにもこの草案には、前にも見たように、軍国主義的助言者と日本および皇室とを峻別し、前者にのみ責めを負わせる配慮が見られる。日本生まれで日本育ちの「碧い眼の天皇崇拝者」としてのドゥーマンの思いがそうさせたのだ。

グルーは、ドゥーマンが作成した最後通告を五月三一日に大統領声明として出すことを五月二九日の三人委員会に諮ったが、スティムソンが「先送りするのが穏当だ」と主張し、これが結論になってしまった。スティムソンの部下だったジョン・マクロイは、スティムソンがこのように主張したわけを「Ｓ１（原爆のこと）の使用準備のことも考えなければならなかったからだ」とのちに証言している。[48]

つまり、グルーにとっては最後通告を出す目的は、原爆投下とソ連の参戦を防止することなのだが、陸軍のトップであるスティムソンにとっては多大の人的被害が出ると予想される本土上陸作戦を確実に回避することだったのだ。

このことを詳しく説明しよう。五月二九日の段階でアメリカ側が持っていた選択肢は（１）皇室維持条項の入った最後通告を出して日本に条件付き降伏を求める、（２）原爆を投下して日本を無条件降伏させたうえで、恩恵として皇室維持を認める、の二つだった。だが、（１）も（２）もそれぞれ問題があった。

ルーズヴェルトが死去してトルーマンが大統領職を引き継いだとき、新大統領は無条件降伏を敵国に求めるという方針を変えないと宣言した。したがって（１）はそもそも大統領の意向に反していた。その後ドイツの敗戦によって、無条件の原則を変えてでも、日本との戦争を早急に終わらせて、兵士を一刻も早く帰還させたいという声もあがり始めたが、トルーマンがそれを民意と捉えて方針変更をするかどうかはわからなかった。

しかも（1）では日本が必ず降伏するとは限らない。降伏しなかった場合、圧倒的優位に立っているのに弱腰の条件提示を行ったとしてトルーマンの権威は失墜し、日本の方は相手に厭戦の気配があると勘違いして士気が上がり、かえって戦争が長引き、本土上陸作戦が必要になってしまう。

また、（1）ではせっかく原爆が完成真近にまでこぎつけていたのに、開発の意味がなかったことになってしまう。開発責任者としては、それを使わないまでも、大統領の選択肢を増やす形で役立ったと胸を張りたい。

一方（2）の問題点は、この段階では実験が成功するかどうかわからないので、まだ選択肢とはなり得ていないということだ。実験が失敗したときに備えて、トルーマンと協議のうえで（1）を用意していなければ、選択肢が他になくなって本土上陸作戦を実行しなければならなくなる。

こういったことを考慮して、スティムソンは、まずグルーらを抑えて、最後通告をだすのを先送りしておいて、日本や他の連合国の反応、アメリカ世論の動き、大統領の意向の変化などを見定め、何より原爆の実験の結果を見てから、最後通告を出すべきだと考えたのだ。

陸軍長官である彼にとって、間違った選択によって、本土上陸作戦を行わざるを得ない事態を招き、多くの将兵の命を無駄に失わせたという非難を避けることが、皇室を残すことより重要だった。

これに加えて、部下のマクロイが非公式に大統領とジェイムズ・バーンズ（このあと七月初めから国務長官になる）の意向を探ったところ、やはりバーンズも、アメリカ国民に弱腰だと思われることはしたくない、最後通告については後に予定されているポツダム会議の議題としたいと回答してきた。[49]

こういったなかで、グルーやドゥーマンは熱意を失っていったが、それと反比例してスティムソンは強いイニシアティヴを発揮して、ポツダム会議で皇室の維持条項を含んだ最後通告をトルーマンに発表させることに積極的にとりくんだ。そして、七月二日に最終版を仕上げて、ポツダムに向かう大統領に渡した。これがポツダム宣言案になった。[50]

このことから、ポツダム宣言案の作成者をスティムソンとする歴史学者が多数いるが、実際にはドゥーマンがグルーの依頼を受けて書いたものが最も古い。

スティムソンが大統領にポツダム宣言案を渡した一日あとに、皇室維持条項を復活させたポツダム宣言案についてのメモをグルーが国務長官バーンズに渡した。だが、そのまた翌日に開かれた国務省のスタッフ会議で、グルーのメモは国務省の意見を代表したものではないので取り消すという決定がなされた。そして、それはポツダムに到着したアメリカ政府首脳に電報で伝えられた。[51]

原爆実験成功が皇室維持条項を削除させた

ポツダムでの会議が本格的に始まろうとしていた七月一六日、アラモゴードで原爆の実験が成功したという知らせが、スティムソンの口からトルーマンに伝えられた。これによって、トルーマン（そしてスティムソン、バーンズも）は原爆を使用して日本を無条件降伏に追い込むという選択肢をとることを決意した。

実はトルーマンはポツダム宣言をだすことに必ずしもこだわってはいなかったのだが、スティムソンが催促するうえ、のちに予告なしに原爆を使用したと非難されることが予想されるので、皇室維持条項を削除したのち、七月二六日にこの宣言を世界に向けて発表した。原爆投下の指令がトマス・ハンディ陸軍参謀総長代理から戦略空軍司令官カール・スパーツに伝えられたのは、この前日の二五日だった。[52]

こうして、もともと皇室を護り、原爆投下とソ連の参戦を防ぐために考え出されたポツダム宣言は、作成者の意図に反し、最も重要な条項が削られ、原爆投下の口実づくりのために利用された。

しかし、軍国主義的助言者と日本（天皇）および日本国民を峻別し、前者にのみ戦争責任を問うという本来の枠組みと言葉遣いはそのまま残された。そして、あとに残った次の文言によって、日本側に皇室を廃止する意向がないことを暗に示すことができた。

「一二．日本国国民が自由に表明した意思による平和的傾向の責任ある政府の樹立を求める。この項目並びにすでに記載した条件が達成された場合に占領軍は撤退するべきである」

この「日本国民が自由に表明した意思による平和的傾向の責任ある政府」の部分は、国民が自由に表明すれば立憲君主制のもと皇室が存続できることを暗にいっている。事実、天皇、木戸幸一内大臣、東郷茂徳外務大臣、および彼らの側近たちはそのように受け止めた。『ＧＨＱ歴史課陳述録（上）』に収録されている木戸の証言によれば、天皇は八月一二日にこの第一二条に言及し、「国民が依然皇室を信頼して居て呉れるのなら、それを国民が自由に表明することによって、皇室の安泰も一層決定的になる」との確信を彼に述べている。[53] だからこそ最終的にポツダム宣言を受諾し、戦争を終結させることができたのだ。

このような歴史的事実を知ってもなお、志位氏はポツダム宣言が「日本の戦争は間違いだ」と断じたものだと言い張るだろうか。

間違ったのは軍国主義者であり、日本（天皇）および一般日本国民は、戦争の加害者ではなく犠牲者だというポツダム宣言の、その作成者ドゥーマンの認識のほうが歴史的事実に近いとは思わないのだろうか。イデオロギーはしばらく脇に置いて、日本人として、虚心坦懐に歴史的事実を見てもらいたい。

第6章　日本は無条件降伏していない

無条件降伏は政治的スタンド・プレーだった

戦後を語るうえで、日本が無条件降伏したのか、それとも一定の条件のもとに降伏したのかという問題は避けて通れない。これによって「戦後」の認識はかなり変わるからだ。

まず、はっきりさせておきたいのは、四一年一二月八日にアメリカが日本に宣戦布告したとき、ルーズヴェルト大統領は、無条件降伏という方針を立てていなかったことだ。

彼が突然無条件降伏を唱えだすのは、四三年一月二四日のカサブランカ会議のプレスリリースにおいてである。当時の国務長官コーデル・ハルは、「カサブランカ会議より三年以上も前に始まった国務省の戦後計画の討議において、我々は、無条件降伏のアイデアを持っていなかった」と彼の回顧録で述べている。[54]

ルーズヴェルトがなぜこのようなことを言い出したのかは前章で述べた通りだ。ハルの証言からも明らかなように、これは彼が閣僚たちに相談もせずに突然決めたことだった。大統領の軍事顧問ウィリアム・リーヒ統合参謀本部長もその著書にこう書いている。

「カサブランカで驚くべき出来事があった。それは、大統領と首相が出席して開かれた最後の記者会見で、『無条件降伏』の原則が発表されたことであった。私の知る限り、この政策は、米英合同参謀長会議では討議されなかった。軍事的観点からすれば、この政策は我々が敵を破壊しなければならないということを意味するが故に、その実施には、戦闘において我々の困難を増大させることになるかも知れなかった」[55]

ここでリーヒは、大統領が無条件降伏方針を勝手に決めただけでなく、それが彼ら軍人にとって困難を大きくするものだったことも述べている。

アーネスト・キング、アメリカ海軍作戦部長にいたっては、このように侮蔑的に述べている。

「このルーズヴェルトのお気に入りのスローガン（無条件降伏）は間違いであることを（戦争が進むにつれて）ますます確信するようになった」[56]

私たち日本人は「日本は無条件降伏をした」と繰り返し教わってきたので、「無条件降伏」という言葉に違和感を持つ者はあまりいない。しかし、国際法の観点から見た場合、「無条件降伏」を相手に求めるというのは、当時も今も、相当異常なことだ、ということは理解しておく必要がある。

近代の戦争においては、降伏した国から主権や基本的権利を奪うことはできず、まったくの無条件ということはありえない。もしあるならその国民を皆殺しにし、領土をすべて奪ってもいいことになる。実際、こんなことが出来ないように、この二年前に行われた大西洋会談では、すべての国には政体選択の自由、領土保全、交易の自由があり、敗戦国も例外ではないとしている。逆説的だが、無条件降伏という言葉は、何が「無条件」なのかを定義しないと使えないのだ。

ルーズヴェルトのこのスローガンは、表明されてから八ヶ月後に早くも破綻した。イタリアがすっかり戦意を失って四三年九月に連合国側に和平を打診してきたとき、連合国軍側は無条件降伏を突き付けなかった。

だれも無条件降伏の意味を理解していなかった

イタリアと連合国は九月三日に和平を結ぶのだが、イタリア側が降伏という言葉さえ嫌ったので協定に基づく停戦ということになった。連合国軍がイタリア南部に進駐したあとの一一月九日、休戦協定から無条件降伏に変更する協定書に署名させたが、これは形式的なものに過ぎなかった。というのもイタリア軍をイタリア北部に進駐したドイツ軍と戦わせる必要もあり、厳しい制裁を科すことはできなかったのだ。

イタリアでは、無条件降伏原則に依らず、これまでと同じく、休戦協定によって戦闘を停止したのち、立場の強い方が弱い方に、自分に有利な終戦協定を押し付けるという従来の形で終戦がもたらされた。

その後、四三年一二月三一日、駐ソ米大使にハリマンが就任したとき、ソ連外務大臣モロトフは「無条件降伏」の定義と、この問題に関するアメリカの姿勢について訊ねた。[57]

これを受けてハルは、四四年一月一四日、無条件降伏の定義についてソ連と英国とで協議してはどうかとルーズヴェルトに提案した。

ところが大統領はこれを拒否した。なぜなら、ハルが以前から、「無条件降伏は枢軸国（ドイツ、日本など）を絶望させ、その抵抗をより一層強固なものにすることによって、戦争を長引かせる」として大統領に方針の修正を強く迫っていたからだ。このような文脈があるので大統領は英ソと無条件降伏の定義について協議をすれば、それをハルに利用されると思ったのだろう。

ただし、彼はソ連には次のような南北戦争のときの例を引いて「無条件降伏」を説明するようハルに命じた。[58]

「南北戦争のとき、南軍の司令官ロバート・リー将軍は、降伏に際し、ありとあらゆる条件を挙げてきた。北軍の司令官ユリシーズ・グラント将軍は、リーに自分の公正さを信じてほしいといった。そして、南軍は降伏した。降伏後リーは南軍将兵の馬の問題を持ち出した。これらの馬のほとんどは南軍将兵の私有物だった。そこで、グラントは、馬は春の耕作のために必要だろうから、持ち帰ってもよいと許可を与え、この問題を解決した」

ルーズヴェルトがこの挿話でいいたかったことは、何も条件を付けず、負けを認めてひざまずけ、そうすれば勝者として情けを見せてやるということだ。

負けた側としては、降伏後、何をされるかわからないし、何をされてもいいとは思っていないのだから、条件にこだわるのは当然だ。だが、ルーズヴェルトはあくまで勝者の論理で、漠然としか考えていなかった。

四五年四月一二日、ルーズヴェルトは愛人ルーシー・マーサ・ラザフォードに看取られて息を引き取り、あとを受けた新大統領トルーマンは、四月一六日の上・下両院合同議会で前大統領の無条件降伏路線を受け継ぐと宣言した。これは議場総立ちの喝采で迎えられた。

四月二二日には、新大統領が前大統領の路線を引き継ぐつもりかどうかさぐるためにモロトフがやってきた。翌日の会談でトルーマンはモロトフとポーランド問題のことで激しい応酬をしたものの、日本とドイツに無条件降伏を求める方針に変わりはないことを伝えた。[59]

こうしてトルーマンは、ルーズヴェルトの無条件降伏方針を引き継ぐという言質をアメリカ議会とソ連に与えてしまったのだが、彼もまたそれをどう規定するのかはっきり考えていなかった。彼にとって、無条件降伏とは降伏交渉においてドイツや日本に、条件を出させないし、妥協もしないという抽象的な意味しか持っていなかった。

しかし、五月七日にドイツが崩壊したあとに、できるだけ早期に対日戦争を終わらせる必要に迫られ、日本に降伏を呼びかけなければならなくなったとき、トルーマンは無条件降伏を定義する必要に迫られた。

そこで、彼は五月八日、ＯＷＩ（戦時情報局）が用意し、大統領軍事顧問ウィリアム・リーヒが賛同した次のような無条件降伏の定義と和平の呼びかけを日本に向けて発表した。

「我々の攻撃は日本の陸軍と海軍が無条件降伏して武器を置くまでやむことはないだろう。日本国民にとって無条件降伏とは何を意味するのか。それは戦争が終わることを意味する。日本を現在の災厄へ導いた軍事的指導者の影響力が除去されることを意味する。無条件降伏とは日本国民の絶滅や奴隷化を意味するのではない。」[60]

この声明はＯＮＩ（海軍情報局）からＯＷＩに出向していたエリス・ザカライアス海軍大佐によって、彼の番組の初回放送のなかで読み上げられた。これによってザカライアスとリーヒは、無条件降伏について明確な考えを持っていなかった大統領を巧みに自分たちの宥和路線にとりこむことができた。

前にも見たように、もともとアメリカ軍の幹部は、これが政治的スローガンにすぎず、早期和平の妨げになると思っていた。だから、無条件降伏とは軍事に限定されるのであって、政治的なものではないことを明らかにすることによって、日本に受け入れやすいものにしようとした。
彼らはまた、日本を災厄に導いたのは軍閥であって、天皇でも日本政府でも国民でもない、だから軍事的指導者は除かれるが、日本民族が絶滅することも自立権を奪われて奴隷化されることもないという保障もしている。これならば日本にとっても「無条件降伏」を受け入れる余地はでてくる。

日本側は敗戦によっても権利が奪われないと理解した

実際、日本側の東郷外務大臣、木戸幸一内大臣、そして天皇は、この声明をそう受け止めた。そして終戦へ向けての動きを起こした。六月八日の最高戦争指導会議で木戸は終戦へ向けて大きく舵を切らせることになる「時局収拾の対策試案」を明らかにしたが、これは次のように始まっていた。
「敵側の所謂和平攻勢的の諸発表諸論文により之を見るに、我国の所謂軍閥打倒を以て其の主要目的となすは略確《ほぼ》実なり。」[61]
木戸ら宮中派と東郷は、トルーマンの声明やそのあとのザカライアスの対日放送から考えて、アメリカ側は、軍部は除去するが、皇室と國體《こくたい》をどうこうするつもりはない、だから、この際、ソ連を通じ早期に講和を結び、國體を護持したいと考えていたのだ。

この和平の試案は、実は天皇の求めに応じて木戸が作成したものだった。東郷の秘書官で天皇とも接触していた加瀬俊一《としかず》は、高松宮を通じてザカライアス放送の内容を天皇の耳に入れたと証言している。つまり、ザカライアスの放送が、東郷、木戸、天皇を動かし、和平に向かって大きく舵を切らせたのだ（この経緯については、第８章でも詳しく見る）。

ただし、彼らはアメリカが無条件降伏に固執しているのを見て、直接米英とではなく、腹に一物もっているのは重々承知でソ連を仲介として和平を講じることにした。アメリカ側が無条件降伏に対するこだわりを見せなかったら、宮中派や東郷は、ソ連を引き込むことなど考えなかっただろう。

このあと、ザカライアスは七月二一日の放送でこう呼びかけている。

「（前略）日本の指導者には選択肢が二つあります。一つは完全なる破壊とその後の強いられた和平です。もう一つは無条件降伏で、これには大西洋憲章に書かれている恩恵がともないます。この二つの選択肢のうち無条件降伏だけが日本の平和と繁栄をもたらすことができるのです」[62]

引用分中の「大西洋憲章に書かれている」恩恵とは政体選択の自由、領土保全、交易の自由のことだ。

これは、降伏後の条件を日本に提示したものといえる。提示を受けた側は、それらの恩恵を受けることを条件と受け止めて、降伏するからだ。

ザカライアスがここまで踏み込むのは、トルーマンの意図からすれば逸脱しているかもしれない。トルーマンとしては、日本を降伏させるために、何か恩恵を与えるという約束はしたくないと考えていた。それは日本に対する妥協であって、無条件降伏方針に反するとアメリカ国民にとられる恐れがあるからだ。にもかかわらず、トルーマンないし彼の周辺がザカライアスに訂正放送を命じた形跡はない。

ザカライアスの放送を聞いた東郷、木戸、天皇は、アメリカ側が大西洋憲章にある原則を日本に適用するという条件のもとに日本に降伏せよと呼びかけているものと理解した。とりわけ、政体選択の自由は、日本国民が望むなら皇室を残し、國體を護持することを可能にする。彼らは、これだけでも保障されるならば、陸軍の強硬派の反対をなんとか抑えて戦争を終わらせることができるだろうと考えた。

七月二六日にはポツダム宣言が発出された。やはり、その第一〇条で「日本人を民族として奴隷化しまた日本国民を滅亡させようとするものではない（傍線筆者）」としたうえで、第一二条で「日本国国民が自由に表明した意思による平和的傾向の責任ある政府の樹立を求める。この項目並びにすでに記載した条件が達成された場合に占領軍は撤退する」として、政体選択の自由に基づいて日本国民の自由意思で政府を樹立することが認められていた。

当時外務次官だった松本俊一は次のように述べている。

「われわれにとつては（ポツダム宣言は）突然の様でもあり、又当然来るものが来た様にも感ぜられた。何故かというとポツダム会議前から米国はザカリアス少将（編者註大佐の誤り）の名で、無条件降伏の条件（傍線筆者）らしいものを連日に亘つて放送させていたが、今回発表せられた宣言は少しきつくはなつているが、大体同じラインのものであつたからである」[63]

松本は、ポツダム宣言は、命令口調ではあるが、それ以前のザカライアス放送と同じく「無条件降伏の条件」を提示したものだと理解している。だから、その厳しい表現に驚かなかったし、むしろ来るべきものが来ただけだと冷静に受け止めたのだ。

外務大臣の東郷は、もっとはっきりと、無条件ではなく、条件提示だと理解した。

「予は米国放送による本宣言を通読して第一に感じたのは、これが〈我等の条件は左の如し〉と書いてあるから、無条件降伏を求めたものに非ざることは明瞭であって、これは大御心が米英にも伝わった結果、その態度を幾分緩和し得たのではないかとの印象を受け、また日本の経済的立場には相当の注意が加えられていると認めた」[64]

東郷が最後の部分で念頭に置いているのはこの宣言の次の第一一条だ。

「日本は経済復興し、科された賠償の義務を履行するための生産手段、戦争と再軍備に関わらないものが保有出来る。また将来的には国際貿易に復帰が許可される（傍線筆者）」

東郷がこれをありがたがっているのは、アメリカの政権上層部にドイツや日本は二度と戦争ができないよう、工業力生産力を奪い、貿易もさせないようにせよという意見があったからだ。

いずれにしても日本側はザカライアスの放送とポツダム宣言を通じて、アメリカは政体選択の自由（皇室の維持を含む）と領土保全（ただし日本本土とその他の島々）と交易の自由を日本に保障することを条件として降伏するように要求していると受け止めた。

そして、そのような理解のもとに、ポツダム宣言を受諾し降伏した。したがって無条件降伏した、という認識は日本側にはない。

天皇は國體護持が認められたと理解した

実際、八月一四日に天皇がポツダム宣言受諾の御聖断を下したときも「自分は、先方は大体我方の言分を容れたものと認める。第四項（国体護持）に付ては東郷外務大臣のいう通り日本の国体を先方が毀損せんとする意図を持つているものとは考えられない」と理由を述べている。[65]つまり、自分たちの主張が受け入れられ、ポツダム宣言にある条件を受け入れても皇室の維持と國體護持が可能であると判断したので降伏し、戦争を終結させることを決断したとしている。

天皇の言葉は、もはや何もかもあきらめて、アメリカのなすがままになるのを覚悟で、無条件で降伏するといっているとは解釈できない。さらに、玉音放送（正しくは終戦の詔書）でも天皇は次のように述べている。

「然《しか》れども、朕《ちん》は時運の趨《おもむ》く所、堪《たえ》難《がた》きを堪へ、忍《しの》び難きを忍び、以《もっ》て万世《ばんせい》の為に太平を開かむと欲す。

朕は茲《ここ》に國體を護持し得て、忠良なる爾《なんじ》臣民の赤誠《せきせい》に信倚《しんい》し、常に爾《なんじ》臣民と共に在《あ》り」

私たち日本人は、ここに挙げた前半部分はそらんじることができるほど記憶しているが、それに続く後半の部分に注意する人はほとんどいない。だが、天皇はここで明らかに「國體を護持し得て」という確信を示し、これをもとに、国の為に尽くそうとする国民の真心を信じ、共に未来を開こうと決意している。無条件降伏したという意識ならば、天皇は「國體を護持し得て」と述べただろうか。

一方トルーマン大統領の側からすれば、日本が無条件降伏したので、大西洋憲章にもある、そしてポツダム宣言にも換骨奪胎して活かされている、いくつかの国家としての基本的権利を恩恵として与えたのであって、自分は日本になんら妥協はしていない、という理解になる。条件や権利を与えたが、それは自分たちが決めて、自分たちが与えたものであって、日本側が出してきた条件を認めたわけではなく、譲歩したわけでもない、だから日本は無条件降伏した、という理解だ。

この姿勢は日本側の「宣言は天皇の国家統治の大権に変更を加うる要求を包含しおらざる了解のもとに日本政府は之を受諾す」という回答を受け取ったときのバーンズ国務

長官にも見られた。トルーマンや閣僚たちが、日本側の回答のままでよしとしたのに対し、彼は降伏する日本の方から条件をだしているのはおかしい、として「降伏のときから天皇の大権は占領統治を行う占領軍総司令官の下に置かれる」と回答させた。[66] だが、修正はそれだけだ。重要な点は「占領軍総司令官の下に置かれる」としながらも、天皇の国家統治の大権を認めていることだ。アメリカ側もかなり譲歩したのだ。

ザカライアスは七月二一日の放送のなかで、ドイツのように軍事力がすっかり崩壊し、統治機構が消失したあとに勝者によってもたらされる和平を「強いられた和平」と呼び、軍事力を保有し、統治機構が存在する状態で、「交渉によって達成された和平」を区別し、日本に前者を受け入れざるを得なくなる前に後者を選ぶよう呼びかけた。そして、日本はそうすることを選んだ。

政治家でないリーヒやザカライアスら軍人は、もともと無条件で降伏するものは軍隊しかないのだから、ポツダム宣言にある条件を日本が丸呑みして降伏したのなら、それが「無条件降伏」というスローガンにもっとも合致する降伏だと考えていた。とはいえ、条件を提示した以上、その条件は、相手が敗者であっても国際信義上守らければならない。この点で条件付になるかもしれないが、完全なる政治的無条件降伏があり得ない以上、それは仕方のないことだ。

結論としていえることは、日本はポツダム宣言にある条件を受け入れて、戦勝国との交渉によって和平を達成したのであって、あらゆる権利を放棄して、相手のなすがままになることを承知して降伏したのではないということだ。そして、この点において軍事力と統治機構が完全に崩壊していたドイツの場合とはまったく違っているといえる。客観的に見て、これは無条件降伏ではなく、条件付降伏というのではないだろうか。

少なくとも、日本はおよそ七〇年前に無条件降伏したのだから、すべてにおいて戦勝国に盲従しなければならない、反省だけして、一切自らの権利を主張してはならない、という国に対しては「歴史的事実に照らして日本は無条件で降伏を受け入れてなどいない。国家としての主権と基本的権利を放棄したことは一度もない」と胸を張っていうべきではないだろうか。

第7章　原爆投下は必要なかった

対日感情で原爆投下の是非が変わっていいのか

二〇一五年四月七日に発表されたピュー・リサーチ・センターの日米関係に関する調査では、原爆投下は正当だったと答えた人は、アメリカ側が五六パーセント、日本側が一四パーセントだった。これに対して不当だと答えた人は、アメリカ側が三四パーセント、日本側が七九パーセント。日本側が一〇〇パーセントでないことに驚く。ＷＧＩＰという洗脳のなせるわざだろう。

終戦の年のギャラップ世論調査では、八五パーセントものアメリカ人が正当と考えていた。九一年のデトロイト・フリープレスの調査ではこの数字は六三パーセントだった。こうしてみると、五六パーセントまで落ちたのはかなりの改善だといえる。[67]

とはいえ、これは決して喜ぶべきことではない。つまり、アメリカ国民が歴史認識を変えて数字が下がったのではなく、日本人に対する信頼感が高まり、好感度が上がった結果、日本人に対し原爆を使用したことは誤りだったと「感じている」にすぎないからだ。

ピュー社は、アメリカで中国に対する警戒感と嫌悪感が高まるにつれて、日本人に対する信頼感が高まり、好感度も高くなっていることを明らかにしている。その結果が、原爆投下が正当ではないと答えるアメリカ人の増加になっているのだ。つまり、歴史認識が改まったからではなく、感情として日本人に対して原爆を投下したことをよくない、と思うようになったということだ。したがって、アメリカで反日感情が高くなれば、再びこの数字は大きくなることになる。これではアメリカ人の対日感情次第で、原爆投下が正当になったり、不当になったりすることになる。問題の本質からそれてしまっている。

この章では、原爆投下がいかなる意味においても正当化できないということ、そして、そのことを当時のアメリカの政権幹部もよく知っていたこと、にもかかわらず、原爆投下の不当を訴える国務省ＯＢを抑圧して、元原爆開発の責任者にして陸軍長官のスティムソンと、そのかつての部下で当時国務長官だったジョージ・マーシャルが原爆投下正当論をプロパガンダとして広め、これをアメリカ政府の正式見解にしていったことを、スタンフォード大学ハーバート・フーヴァー研究所所蔵の資料などによって明らかにしていきたい。

アメリカ政府見解は誤りだ

第5章でも述べたように一九四五年五月二九日の段階でアメリカ側が持っていた選択肢は（1）皇室維持条項の入った最後通告を出して日本に条件付き降伏を求める、（2）原爆を投下して日本を無条件降伏させたうえで、恩恵として皇室維持を認める、の二つだった。

アメリカ側（グルーらを除いた）は原爆の実験が失敗した場合に備えて（1）の選択肢を用意した。だから、もともとのポツダム宣言には皇室維持条項が入っていた。

七月一六日に原爆の実験が成功したので、アメリカ側の犠牲者の数をそれほど増やすことなく戦争を終結させることができると考えて（2）の方針をとった。

一方、原爆投下については、アメリカ側は三つの選択肢を持っていた。

①無人島などに落としてデモンストレーションにとどめること。
②軍事目標に投下すること。
③軍事目標に近い大都市に投下すること。

開発にあたった科学者は当然①を強く主張したが、トルーマン大統領、スティムソン陸軍長官、バーンズ国務長官はわざわざ③を選んだ。これは彼らが極東国際軍事裁判で日本側のA級戦犯に事後的に適用した「人道に反する罪」に該当する。

スティムソン対グルー

四七年二月、『ハーパーズ』という雑誌に原爆開発の責任者にして陸軍長官だったスティムソンは「原爆投下の決定」と題する次のような要旨の論文を発表した。この論文は今日のアメリカの公式見解のもとになったものだ。

1．二度にわたる原爆使用によってしか、日本人に戦争をやめさせることはできなかった。
2．原爆の使用によって戦争終結が早まり、多くの日米の将兵の命が救われた。
3．自分は、個人的にはポツダム宣言に皇室の存続を保障する項目を入れてもいいと思った。[68]

この論文の危険なところは、うっかり読むと日本人でさえも納得してしまうことだ。注意すべきは、アメリカ側は（1）と（2）の選択肢をもっていたのに、（1）にはまったく触れず、最初から最後まで（2）しかなかったように読者をミスリードしている点だ。同じく、原爆投下を正当化する論文として、スティムソン論文にも引用されているカール・T・コンプトン（原爆開発の指導者の一人、マサチューセッツ工科大学学長）の「もし原爆が使用されていなかったら」があるが、これもまた（1）の選択肢があったことにはまったく触れていない。[69] だから、説得力を持っている。

四五年五月以降に、皇室の存続条項を含む最後通告が出されていれば、これまで述べてきたように、その時点で天皇および側近が降伏を決断する可能性は極めて高かった。だからこそ、トルーマンとスティムソンは、最後通告の発出を原爆実験後まで先送りしたし、実験成功後には、トルーマンはスティムソンの意向を知りながらも、わざわざこの条項だけを削除したのだ。原爆投下の前に日本に降伏されては困るからだ。

直接的当事者のスティムソンは、この辺の事情を熟知しつつ（1）については、ほんの付け足しで「個人的にはポツダム宣言に皇室の存続を保障する項目を入れてもいいと思った」と私見を述べるに留めている。皇室維持条項には彼自身もこだわっていたので、トルーマンにそれを無断で削除されたことは、彼にとってもショックだったはずだが、そのことは胸にしまっている。

この論文が発表されたあとの二月一二日、ジョセフ・グルー（当時は国務長官代理）が九ページにもおよぶ次のような要旨の長文の手紙をスティムソンに送りつけた。

1．原爆投下は必要なかった。なぜなら、自分の勧告通りにトルーマン大統領が「日本に対する最後通告（Ultimatum）」（のちにポツダム宣言となる）を一九四五年五月の段階で発していたなら、日本は六月か七月に降伏していたからだ。

2．この「最後通告」は私（グルー）が部下に作らせたもので、私がもっとも重視した「日本国民が選択すれば、皇室を存置することができる」という項目を含んでいた。

3．したがって、スティムソン論文の要旨、つまり、「二度にわたる原爆使用だけが戦争を終わらせ、日米の将兵の命を救う道だった」は、「皇室維持条項を含んだ最後通告をトルーマン大統領が発していれば、日本は六月か七月には降伏していた」という彼らの見解に反しているだけでなく、早期終戦をもたらすために彼とその部下がトルーマン政権内で懸命にしていた努力をまったく無視するものだ。

4．しかも、スティムソンはまるで皇室維持を唱えたのは自分だけであったかのような書き方をしているが、実際これを彼よりははるか前に、そしてもっとも強く主張し続けたのは私である。[70]

この手紙を読んで、スティムソンは心中穏やかでなかったに違いない。

四五年五月二九日に、大統領の求めにしたがって会議を開き、グルーの提案どおり日本に対する「最後通告」を出すかどうか、陸軍長官（スティムソン）、海軍長官（ジェイムズ・フォレスタル）、国務長官代理（グルー）、および彼らの副官が話し合ったとき、出すことには賛成したものの、「今はその時ではない」として、見送ることを主張したのは、スティムソンだった。[71]

グルーの論理にしたがえば、こうして皇室維持条項を含む「最後通告」を出すのを遅れさせたことが、日本側の降伏を遅延させ、原爆を投下することになった第一の要因だった。落とさなくてもよい原爆を投下し、出さなくてもよい二十数万人の原爆犠牲者を出すことになった責任のかなりの部分が、スティムソンにあるということになる。

スティムソンは返答に困ったか、あるいはいろいろ相談しなければならなかったとみえて、およそ四ヶ月放置したのち、四七年六月一九日になってようやくグルーに次のような趣旨の返事を送っている。

1．あの雑誌論文で、皇室が維持されることになったのは、私または陸軍省の貢献であると私が主張したかのように君に思われたのは残念だ。私は最も手近にあった一九四五年七月二日の会議（ポツダム宣言の原案を練った会議）のメモランダムを使用してあのように書いただけで、他意はなかった。

2．あの雑誌論文は、ポツダム宣言に皇室維持条項が入っていたら、あるいは、入ったものが一九四五年七月二六日よりも前に出されていたら、現在どうなっていたかを議論する場としてふさわしくないと私は思った。

3．私の記憶では、一九四五年五月二九日は沖縄戦でアメリカ軍がかなりの困難を経験していた時期で、この時期に日本に皇室の存置を認める条件付降伏案を提案すれば、アメリカが弱腰になっていると受け取られ、日本軍の士気が高まり、戦争が長引く恐れがあった。

4．トルーマン政権内で早期終戦を目指してさまざまな動き（グルーの動きを含めて）があったことは現在書いている回顧録で触れようと思う。[72]

要するにスティムソンは、グルーの追及を正面から受け止めずに、「そういう風に受け止められるのは本意ではない」とかわしたうえで、「原爆を投下しなければもっと日本軍は粘ったはずだ」と相変わらず（1）の選択肢を持っていたことを無視した主張をしているのだ。

グルーは、四七年六月二六日にユージン・ドゥーマン宛に出した手紙にスティムソンからの返信を同封した。[73] ドゥーマンはグルーが駐日大使だったときの参事官で、戦争末期にはグルーのもとで対日占領計画の策定にあたっていた。グルーがのちにポツダム宣言となる「最後通告」を作らせた部下でもある。グルーが、この間の事情をよく知っているドゥーマンと、スティムソン論文のことで連絡をとったのは当然だろう。

原爆投下派が「歴史」を作った

注目すべきは、この手紙のなかでグルーはきわめて衝撃的な「推測」をドゥーマンに述べていることだ。

「国務省とその他の部署がわれわれの背後でわれわれを抑える動きをしているとバンディの話から推察できる。そして、その陣営の幹部の一人の名を言い当てることができる」

バンディとは、戦時中スティムソンの副官を務めた男で、当時スティムソンとともに回顧録を執筆していたマクジョージ・バンディのことだ。問題は「その他の部署」だが、これは国家軍政省（陸軍省の後身でのちに国防総省となる）で、「幹部の一人」とは、ジョージ・マーシャル国務長官である。そのことはドゥーマンもよく承知していた。

マーシャルは、スティムソンとグルーの日本に対する原爆使用に関する路線闘争のときも、陸軍参謀総長の地位にあってスティムソンを支持していた。一九四七年には軍人でありながら、国務長官に就任していて、国務省と国家軍政省に絶大な影響力を持っていた。

グルーの「推測」が正しいとすれば、なぜスティムソンが、グルーたちにこのように強い違和感を与える内容の論文を書いたのかがわかる。また、なぜスティムソンがグルーへ回答するのに四ヶ月もかかったのかも説明がつく。

それは、当時のアメリカ陸軍参謀総長マーシャルを始めとして原爆を投下することに賛成した人々が、それを正当化するための「歴史」を作り始めたということだろう。そして、グルーら皇室維持条項を含む最後通告で日本を降伏させようとして「原爆投下派」と対立して主導権争いに敗れた者たちを「歴史作り」から排除しようとしているのだ。

ドゥーマンはこのグルーの手紙に対する六月三〇日の返信のなかで、次のようにスティムソンの回答への批判を述べている。

1. スティムソンの回答は、ハーパーズ論文とおなじく腹黒いもので、原爆投下は必要なかったというグルーの批判にとりあうことを避けている。

2. スティムソンは五月二九日に「最後通告」を出さなかった理由として沖縄戦で

苦戦していたことを挙げているが、沖縄戦はこの時点ではほぼ決着していて、最後通告に皇室維持条項を入れても、アメリカが弱腰になっていると日本人が受け止める恐れはなかった。[74]

このように述べたあとで、ドゥーマンは「原爆投下は必要なかった」という彼らの主張を新たに補強するものとして、一九四五年の一二月に提出された「戦略爆撃調査団報告書」に言及している。

ドゥーマンは、この調査報告書が、天皇が四五年六月に降伏を命じたことを明らかにしていると手紙に書いているのだが、実際には、天皇が最高戦争指導会議で強く求めたのは、降伏ではなく終戦交渉に入ることだった。[75]

とはいえ、天皇が一身を賭してでも戦争を終結させる決意をして、会議のメンバーにそのための必要な方策を採ることを命じていたことは事実で、この点では「降伏を命じていた」といっても、それほど外れていないかもしれない。

少なくとも、ドゥーマンたちが考えるように、皇室維持条項が入った「最後通告」がこのタイミングで出ていたならば、その段階で日本が降伏交渉に入る決意をしていた可能性が極めて高かった。

また、この報告書は、「日本は、原爆投下やソ連の参戦がなくても、おそらくは四五年一一月から一二月三一日までには確実に、降伏していた」、「広島の住民は原爆投下が戦争を終わらせたとは思っていない。原爆が投下される前に、すでに日本は戦争に負けていたと思っていたからだ」と結論しているが、スティムソンはハーパーズ論文ではこれらについてはまったく触れなかった。

回顧録を執筆していたスティムソンがこの報告書を読まなかったはずはないのだが、これらの結論については一切黙殺して、日本側の戦争継続の意志が固いことを強調して（そうでないことは「マジック」、つまり、日独の暗号電報を解読して要約したものからもわかっていたのだが）、「二度にわたる原爆使用だけが戦争を終わらせ、日米の将兵の命を救う道だった」という結論に突き進んでいる。

一方、ドゥーマンの五月二九日ころには沖縄戦は「ほぼ決着していた」という主張にも少し無理があるように思える。たしかに、このころ沖縄の日本軍守備隊は、首里を放棄して本島南部に撤退したが、「ほぼ決着していた」という状態にはほど遠かったのではないだろうか。

しかも、沖縄戦でのアメリカ兵の消耗率の高さがスティムソンたちの間でも大きな問題とされ、できれば日本本土上陸作戦を避けたいという雰囲気が生まれていた。換言すれば、日本側がそれを察知できたかどうかは別にして、沖縄戦での日本側の激しい抵抗のために、アメリカ軍側はたしかに弱腰になっていたのだ。[76]

にもかかわらず、ドゥーマンはこういったスティムソンの態度が意味するところは明らかだと手紙で述べている。つまり「原爆投下派」は、自分たちの「歴史作り」に邪魔なものは無視するか、さもなければ抑圧しにかかっているということだ。

グルーとドゥーマンの反駁

翌年の四八年、スティムソンは回顧録を出版した。予想どおり、全体が『ハーパーズ』で展開した「原爆投下正当論」で貫かれていた。グルーにした約束を守り、この本でスティムソンはグルーたちの動きについて触れているが、彼らが無条件降伏に固執して多くの犠牲を払うよりも、日本に皇室の存置を認めたほうが、「安くつく」と主張していたとしか触れていない。[77]

そして、このような論争があった時期も、五月末ではなく、一ヶ月あとの六月末とし、この論争をふまえて自分がポツダム宣言を起草した証拠として七月二日の会議のメモランダムを五ページにわたって引用した。[78]

これを読んだグルーは四八年四月一〇日付でドゥーマンに手紙を書いた。そして、この本の下記の部分に注目して欲しいとして、わざわざ引用している。[79]

「日本人に代わってスポンジを投げる（降伏の合図をする）責任はアメリカ人にはない。それは彼らが自分ですべきことだ。天皇の問題について、スティムソンは一九四五年には融和的見解を持っていた。この問題に関しては、スティムソンは次のことを歴史が証明するだろうと信じている。つまり、アメリカが天皇の地位についての見解を明確に示すのを遅らせたことが戦争を長引かせたということだ」[80]

この部分だけは、グルーも評価したのだろう。にもかかわらず、グルーはドゥーマンに、四五年五月二八日のグルーとトルーマン大統領との会談、四七年二月一二日にグルーがスティムソンに出した手紙とそれに対するスティムソンの返事などを引用した本を自分が「早死に」しないうちに出すつもりだと告げている。「歴史作り」においてスティムソンに対抗しようということだろう。

ドゥーマンはこの手紙に対する四月一二日付の返信のなかで、ぜひ「早死に」しないうちにすべての事実を明るみにだしてもらいたいと要請している。日本に対して原爆を使用したことが「知的ガン」(intellectual cancer) になっていること、そして思慮のある人々はスティムソンの説明を快く思っていないことを示す証拠を毎日のように目にしているからだという。[81]

さらに、ドゥーマンは、自分が作った「最後通告」にスティムソンが言及しないまま七月二日のメモランダムを長々と引用したことにもかなり憤慨していて、五月一九日に彼が作成した皇室維持条項入りの「最後通告」の写しをこの手紙に同封し、スティムソンが七月二日の会議で「日本へ提案するプログラム」(ポツダム宣言の原案) の文案を練るたたき台としたのは彼の「最後通告」だということを改めて証明してみせている。

そのうえでドゥーマンは、この「最後通告」はポツダム宣言の二ヶ月前にはすでに発表する準備が整っていたのに、その発表を遅らせ、しかも皇室維持条項を削除して発表した。これによって天皇の地位に関する見解を日本に示す時期が遅れ、降伏を遅らせた責任は、スティムソンとジョージ・マーシャルを含む、当時高位にあった政府関係者にあると断じている。

一方、グルーがドゥーマンに書くと約束した回顧録 (*Turbulent Era*) は、五二年に出版された。このなかでグルーは四五年五月二八日の大統領との会談記録に四頁、五月二九日のスティムソンらとの会議のメモランダムに三頁を費やしている。[82]

しかし、四七年にハーパーズ論文をめぐってスティムソンとやりとりした手紙は引用されなかった。というより、このメモワールは四五年六月で終わってしまっているのだ。国務省在職中のことを書くには国務省の許可を必要とするが、それがおりなかったというより、どうもグルーのほうが自制したようだ。

その証拠に一九四九年一〇月七日付シカゴ大学歴史学部教授のウォルター・ジョンソン宛の手紙で、教授の勧めにもかかわらず、自分が所有する第一次資料を使って論文を書くのは差し控えたい、なぜならそれは必然的にトルーマン、スティムソン、フォレスタル、マーシャルのような人物を批判することになるから、と述べている。[83]

実はグルーは、このころラジオ自由ヨーロッパという東ヨーロッパ向けのプロパガンダ放送局設立に関わっていた。翌年の五〇年に活動を始めたこの放送局は、表向きアメリカの民間団体が寄付を集めて運営していることになっていたが、その実ＣＩＡからの資金が主な収入源だったことが七六年のチャーチ委員会で暴露された。[84]

グルーにとっては、過去の歴史もさることながら、冷戦の激化という当時の情勢のもとで、アメリカが共産主義とどのように対峙していくかということのほうが重要になっていた。「歴史問題」でトルーマン政権の足を引っ張るよりも、これと協力して「赤の脅威」と立ち向かっていくことを選ぶほうが、元国務長官代理としての彼にふさわしい行いだろう。

ドゥーマンは戦い続けた

ドゥーマンのほうも、グルーに配慮してしばらく沈黙していたが、六二年にコロンビア大学がオーラル・ヒストリー・プロジェクトの一環で、彼にベアテ・シロタ（占領期に占領軍にいて日本国憲法制定や婦人地位向上運動に携わった）がインタヴューすると、胸にたまっていた「原爆投下派」批判を一気に吐き出した。[85]

ところが、このインタヴューで、シロタは、ドゥーマンがいいたかったことにあまり話を振らなかったので、ドゥーマンはできあがったものに不満だった。コロンビア大学の担当者にも、手紙でそういっている。

ちなみに、シロタはニューディーラー（ニューディール政策を支援した社会主義的リベラリスト）なので、彼女からすれば、筋金入りの反共産主義者のドゥーマンは、自分を占領軍からパージしたG2（参謀第二部）のトップのチャールズ・ウィロビーと同類に思えるのだろう。

そこで、ドゥーマンはオーラル・ヒストリーの追加資料として回顧録を書き、それをコロンビア大学に提供しようとした。六八年にその第一部を書き上げたが、その翌年に病を得て死去したため、第二部は絶筆になってしまった。享年七八だった。

四五年に国務省を追われたあとの二三年間の半生のほとんどを、ドゥーマンは「原爆投下は必要なかった」と訴えることに捧げたことになる。

七〇年、妻のドロシーは、夫の遺志にしたがって、第一部をコロンビア大学に送った。この回顧録は、まず四三年以降の戦争をめぐる日米の動きを概観したあとで、四五年五月二八日と二九日のグルーとドゥーマンの動きを詳述し、彼らの皇室維持条項を含む最後通告を発表することで日本を降伏させるという案がどのような抵抗にあったか、そして、それが当時の戦況に照らして、どれほど理不尽なものに彼には思えたかを述べている。[86]

それだけでなく、ドゥーマンは、四七年のスティムソンとグルーの手紙のやり取りについても紙面を割き、スティムソンがグルーの反論に対し、いかに逃げ腰だったか、苦しい言い訳をしていたかを詳述している。

そして、グルーが生きていたならば、止めていたであろうと思われることまでしている。つまり、スティムソンが原爆を使用したのは、莫大な予算をつぎ込みながら原爆を使わずに戦争が終われば、開発責任者として自分の責任が問われることになると恐れたためだ、とするダグラス・マッカーサーの発言を引用したのだ。

この発言は四七年三月二五日にドゥーマンの友人（名前は明かされていない）が東京にいるマッカーサーをインタヴューしたときのメモに基づくものだとしている。引用によって自分がいいたいことをいったのだ。[87]

ドゥーマンはこの回顧録をかつてグルーが彼に宛てた手紙のなかに引用した *On Active Service in Peace and War* からの一節「スティムソンは次のことを歴史が証明するだろうと信じている。つまり、アメリカが天皇の地位についての見解を明確に示すのを遅らせたことが戦争を長引かせたということだ」で締めくくっている。スティムソンに対するかなり辛辣《しんらつ》な皮肉だ。

この回顧録は本として出版されることはなかった。コロンビア大学のオーラル・ヒストリーのコレクションのなかにはあるものの、これを引用した研究を筆者は読んだことがない。したがって、この回顧録は、未だにグルーの上下二巻の回顧録の陰に隠れているといえる。

忘れてはならないスティムソンの功績

これまで、グルーとドゥーマンの視点からアメリカ側の原爆投下をめぐる動きを見てきたが、スティムソンに対して公平を期すために以下の歴史的事実については触れておかなければならない。

たしかにスティムソンは終始原爆投下を主張していたが、一方で皇室を残すことにもこだわっていた。[88] それが同じ「原爆投下派」でも、彼とトルーマン大統領やジェイムズ・バーンズ国務長官との違いだった。

皇室維持条項をポツダム宣言から削除したのは、七月二四日のスティムソンの日記を読む限り、彼ではなくバーンズと彼を支持したトルーマン大統領だった。[89]

スティムソンは八月一〇日に皇室を残すという条件のもとで日本が降伏すると通告してきたとき、無条件降伏という言葉は変えないものの、皇室を残すことをアメリカが暗に認めていることが読み取れる文面にするようバーンズたちに働きかけ、それに成功している。[90]

また、スティムソンが原爆投下に固執した理由を、ドゥーマンが主張したように、莫大な予算を費やした原爆開発の責任者だったことだけに求めるのは穏当ではないだろう。第5章でも述べたように、スティムソンは皇室を存続させることより、アメリカ将兵の生命が犠牲になる本土上陸作戦をしないで戦争を終わらせることを第一と考えていた。

あるいは、これに日本が降伏したあと、アメリカやイギリスとの合意を無視して勢力を拡大するソ連をどのように掣肘するかという視点を加えてもいいかもしれない。たとえば、スティムソンは、六月六日の日記で、ソ連が満州から日本軍を駆逐したあと、大連を除いた占領地をすべて中国（国民党政府）に返すという、ハリー・ホプキンズ大統領特別代表がヨシフ・スターリンからとりつけた合意が守られるかどうかについて懸念を表明している。[91] 同じ問題は、ポーランド、ルーマニア、ユーゴスラビアにもあり、ポツダム会議でも話し合われていた。原爆の威力を知れば、ソ連が無理押しをしにくくなると考えたとしてもおかしくない。

二〇〇七年、久間章生防衛大臣は「原爆が投下されたので日本は分断国家にならずに済んだ」と発言したが、スティムソンはこれに諸手を挙げて同意するだろう。[92]

だが、その場合でも、当時のアメリカ政府首脳は、日本を分断国家にしないために原爆を投下したのではないということを忘れてはならない。分断国家にならなかったのは、結果的にそうなったにすぎない。また、朝鮮戦争において、中国軍が鴨緑江を渡って北朝鮮領内に入る決断をした際、アメリカの持つ原爆は抑止力にならなかったことも付け加えておこう。

以上見てきたように、アメリカ政府の公式見解のもとになっているスティムソン論文は、選択肢（1）があったことを故意に無視しており、歴史的事実に照らして誤りである。そのことを本人および当時のアメリカ政府のトップはよく知っていた。にもかかわらず、グルーやドゥーマンなど真実を知っているものを「歴史作り」の場から追いやることによって原爆投下正当論を捏造し、それをプロパガンダとして世界に広めていったのである。

日本人はそろそろ原爆を落とした国の公式見解（プロパガンダでもある）を鵜呑みにするのをやめるべきだ。原爆投下が正当だと考える日本人が一四パーセントもいるようでは、中国、韓国、ロシアの反日プロパガンダの効き目がなくなることはないだろう。

第8章　天皇のインテリジェンスが國體を守った

戦争を終わらせたものは何か

先の戦争を四五年八月一五日で終わらせるうえで決定的だったのは、「原爆投下だった」「八月九日のソ連の対日参戦だった」、あるいは「その両方だった」と様々な説があるが、筆者はいずれの説にも与《くみ》しない。なぜならば、八月九日に、二発目の原爆が投下され、ソ連が参戦したことを知ったのちも、最高戦争指導会議のメンバーと昭和天皇は、まだ議論していたからだ。

その議論とは、降伏条件についてだった。彼らは、敗戦を受け入れ、占領を受けてもなお、将来にわたって、日本が日本らしく存続していくために國體護持は最低限必要だと考えた。そして、これが護られないならば、戦争を継続するつもりだった。事実、

『昭和天皇独白録』によれば、天皇は八月一二日に開かれた皇室会議で朝香宮に「国体護持が出来なければ、戦争を継続するか」と訊ねられて「勿論だ」と答えている。[93]

ポツダム宣言を受諾してもなお、國體を護持していけると天皇が確信したこと、重臣たちがそれを支持して御聖断を下す状況が生まれたことこそが、三、四発目の原爆投下もなく、本土決戦もなく、八月一五日に戦争を終わらせることができた決定的要因だった。つまり、天皇と東郷茂徳外務大臣や木戸幸一内大臣などの重臣にそのような確信を与えたインテリジェンスこそが終戦をもたらしたといえる。

さらにいえば、天皇および重臣たちがこのような確信を持つに至っていれば、原爆投下がなくともソ連の参戦がなくとも、日本は降伏していた可能性は高かったといえる。

この章では天皇が御聖断を下すにあたってどのようなインテリジェンスを得ていたのか、東郷などの重臣とどのようにそれを共有していたのか、それがどのように終戦に結びついていったのかという点を明らかにしたい。

國體とは何か

まず、原爆を二度投下されても、満州が侵攻されてもなお、天皇および政府首脳が守り抜こうとした「國體」について説明しよう。というのも、終戦後、占領軍によって教育が徹底的に改造されたあとに育った日本人にとって、もっとも理解しがたいものがこの「國體」だからだ。だが、これを理解できなければ、戦前、特に終戦期の天皇および政府首脳（そして大部分の日本国民）のメンタリティは理解できない。なぜもっと早く決断しなかったのかと見当違いの非難をすることになる。

一言でいえば、「國體」は「国の魂」という概念である。魂を失った肉体が生ける屍であるように、「國體」を失った国は、単なる土地と人間でしかなく、容易に別の国に乗っ取られることになる。このことは、戦後ソ連にイデオロギーと政体を押し付けられ衛星国にされた東ヨーロッパの国々および国民がその後どうなったかを見れば、ぼんやりとでも理解できるだろう。

この「國體」思想を端的に示しているのが、三七年に文部省が編纂して教育機関に配布した「國體の本義」だ。その冒頭は次のように始まっている。

「大日本帝國は、萬世一系の天皇皇祖の神勅を奉じて永遠にこれを統治し給ふ。これ、我が萬古不易の國體である。而してこの大義に基づき、一大家族國家として億兆一心聖旨を奉體して、克《よ》く忠孝の美徳を發揮する。これ、我が國體の精華とするところである。

この國體は、我が國永遠不變の大本であり、國史を貫いて炳《へい》として輝いてゐる」[94]

要約すれば、次のようになるだろうか。

「大日本帝国は、万世一系の天皇が皇祖の神勅によって永遠に治めている。この国家は天皇を親とする家族のようなものなので、国民はみな心を一つにして天皇・国家に忠孝を尽くす。これこそこの国の在り方の素晴らしいところだ。このような素晴らしい国のありかたは歴史を通じて燦然とかがやいている」

この思想では天皇、国家、国民が三位一体であることに注目する必要がある。つまり、「國體護持」というとき、それは皇室だけでなく、国の在り方と国民を守ることでもあったということだ。神の命によって天の下を治めている天皇のため身を捧げることは、国という大家族のためであり、その一員である自分のためである。天皇の御稜威《みいつ》が世界に及ぶことは、国の威信を高めることにもなるが、自分の世界での地位を高めることにもなる。

戦前の日本人にとって、このような「國體」思想を持っていない人間は、日本人ではなかった（筆者も「日本全体のことを考えず、自分のことしか考えないお前は日本人ではない」と亡き父によくいわれた）。また、そのような人間がいなくなった地理上の空間は、もはや日本ではない。逆に、このような「國體」が保たれるなら、軍事的に敗北して、他国の支配を受けることになってもやがて国として復活できると、天皇および政府首脳（そして国民の大部分）は信じていた。

ちなみに、終戦後日本へやってきて日本の教科書を徹底的に「民主化」したCIE（民間情報教育局）のH・J・ワンダーリック中佐は、この「國體の本義」を次のように解釈している。

「日本の超国家主義の基本的概念（『國體の本義』のこと）は、『古事記』や『日本書紀』に詳述されている天皇の神格、神勅によって選ばれた民族といった神話にもとづいている。（中略）日本の家族と国家は一身《ママ》同体であるとされ、したがって忠誠心も孝行の精神も家族同様、大家族である国家に対しても持つべきであるとされた。（中略）国民の優位性は、忠誠、孝行、自己抑制、自己犠牲（没我無私）、勤勉、武勇の精神のなかにあるとされ（中略）大日本帝国の使命である『八紘一宇』の世界の創造のためには、従順、忠誠、無私無欲、協調的、勤勉な軍人を育てることがなによりも重要であると考えられた」[95]

そして、CIEを含む占領軍は、日本の教育の場からこの「國體思想」を排除した。

「八紘一宇」は侵略主義的膨張と誤訳され、公文書での使用が禁止された。それが彼らのいう「教育の民主化」だった。その結果、戦後世代にとって「國體」は意味不明のものになってしまった。だが、終戦当時の天皇および政府首脳にとって、「國體」は領土よりも、利権よりも、そして、毎日失われていくおびただしい数の生命よりも、重要なものだったのだ。それを失うことは、国と民族の消滅を意味するからだ。

したがって、先の戦争の最終局面において、アメリカが無条件降伏を譲歩し、「國體護持」の条件付降伏を認める意向があるか打診し、それがあるというインテリジェンスを得ることが、終戦の決断を下す決め手になっていた。

では、天皇および政府首脳は、戦争の最終局面において、どのようにそのようなインテリジェンス収集活動を行っていたのだろうか。次にこういった事実を明らかにしたい。ちなみに、このような観点からなされた研究はこれまでなかった。

天皇は敵性放送を聞いていた

終戦時東郷の秘書官をしていて天皇とも接触があった加瀬俊一《としかず》は、NHK国際放送ラジオ・ジャパンの『終戦の条件を探れ』(九一年八月一五日放送)のなかで次のように証言している。

「ザカライアス放送というものは、やはり日本全土の上陸作戦を行わないで、適当に終戦に持っていけないかということで、日本をそこに誘導する目的で一種の心理攻勢をしているんですね。もう一つの狙いは、日本にもものわかる人物がいるはずである、すべての人が戦争気違いになっているはずじゃない。特に天皇陛下はお立場からいっても、戦争を早くやめることを希望しているに違いないと考えたんですね。これは正しいですね。そこで、何とかしてこの放送を陛下のお耳に入るようにしたいと（ザカライアスは）思ったんでしょう。実は、お耳に入ってるんです。入るようにしたのは、我々です（傍線筆者）」[96]

ここで加瀬は外務省職員たちがザカライアス放送を天皇の耳に入れるようにしたと述べている。加瀬が「我々」といっているので、東郷や外務省幹部が関知していたと考えるのが自然だ。

さらに加瀬は『日本がはじめて敗れた日』では次のように述べている。

「このように、無条件降伏を緩和または解明せよと（アメリカ側の）議論が、漸増しつつ、我が方の傍聴所を通じて流入した。これらの報道は、適切な分析ののち毎日遅怠なく政府要路に配布された。このうちには、もちろん、陛下も含まれていた」[97]

加瀬はここでは無条件降伏を緩和せよ、あるいはそれが何を意味するのかもっと明確にせよというアメリカ側でなされている議論が次第に増えつつ、日本側の通信傍受を行っている施設に入ってきていたと述べている。そして、その報道は、分析されたのち文書にされて政府の重要な部署と天皇に毎日、即座に配布されていたという。加瀬はわざと注意をひかないように書いているが、天皇がアメリカ側の敵性情報を、それが出るたび、ほぼ間を置かずに受け取っていたということは驚きに値する。天皇はアメリカ側がなんとか無条件降伏を緩和して國體護持の言質を与えてくれないものかとじりじりしていたのだ。この傍受施設とは外務省ラジオ室のことだ。ここには日系アメリカ人などが採用されていてアメリカ側のラジオ放送や無線の傍受、翻訳を行っていた。

昭和天皇の側近の一人、木戸幸一（戦争中内大臣）も、終戦後、占領軍のボナー・フェラーズ准将に次のように証言している。

「お上（天皇）は（アメリカの）さまざまな心理戦の放送をお聞きになっておられました。というのも、その折々情報局（外務省ラジオ室のこと）からコピー（放送内容を翻訳したもの）が届けられていたからです。また、お上自ら皇居に落ちてきた（アメリカ軍の宣伝）ビラをお拾いになっておられました」[98]

フェラーズはダグラス・マッカーサー連合国軍総司令官の軍事秘書で戦争中は心理戦を指揮していた。だから自分たちのプロパガンダ放送や宣伝ビラなどが天皇に届いていたかどうか知りたくて、木戸に尋ねたのだ。一方、敵が撒いたビラを天皇がどんな気持ちで拾っていたか、もはや説明の必要はあるまい。

こういった事実が重要なのは「御聖断」のときに天皇が持っていたインテリジェンスのかなりの部分が「ザカライアス放送」やグルーの対日声明に由来することを意味しているからだ。

『昭和天皇実録』の四一年一〇月三〇日、四三年三月一八日、七月二六日、四五年七月二七日、八月六日、九日、一二日、一〇月四日の記載も、側近たちを通じて、あるいは直接、天皇が海外放送の情報に接していたことを示している。[99] ポツダム宣言、原爆投下、ソ連の参戦、バーンズ回答（天皇の大権は連合国軍総司令官の下に置かれるとしたアメリカ国務長官ジェイムズ・バーンズの回答）も、天皇はアメリカの放送を通じて知ったのだ。宮中の奥にいながらも、意外に多くの敵性情報に触れていた。

とはいえ、ザカライアス放送やグルーの対日声明が一足飛びに「御聖断」に結びついたわけではない。まず、五月のはじめ以降、戦争終結を求める機運が天皇およびその周辺で高まり、六月八日の木戸による「時局収拾の対策試案」の提示があり、七月二六日のポツダム宣言の発出があり、そのあとようやく八月九日に第一回目の「御聖断」が下され、八月一四日に最終的「御聖断」が下されている。ザカライアス放送やグルー声明は、これらの節目ごとに効果を発揮している。

また、この敵性放送とともに、在外公館からのインテリジェンスも重要な役割を果たしていた。なかでも特に重要だったのは、スイス公使加瀬俊一《しゅんいち》からのインテリジェンスであった。これらのものが天皇と彼を支持する重臣たちに共有され、相乗的効果を発揮した結果として、天皇の「御聖断」があったのだ。

スイスからもインテリジェンスがきていた

「時局収拾の対策試案」には、ザカライアス放送の他にもう一つ別なインテリジェンスが活《い》かされていた。それは東郷がヨーロッパの中立国の公使から得た、アメリカが日本の降伏条件についてどう考えているか、というインテリジェンスだ。

ＯＳＳ文書と「マジック」を読むと、ドイツが崩壊した五月七日から「時局収拾の対策試案」が出される六月八日までの間に、ヨーロッパの中立国から次々とアメリカが考える日本降伏の条件についてのインテリジェンスが送られている（五月七日ポルトガル、五月一一日スイス、五月一七日スウェーデン、五月二七日バチカン）。[100]

これらはすべてアメリカが無条件降伏方針を貫くことを明らかにしていた。だが、日本側が終戦へ向けて舵を切るだけでも困難なのに、この上無条件降伏を呑むというのは、当時の状況ではほぼ不可能だった。そこで、四月五日に日ソ中立条約を翌年に破棄することを通告してきてはいるが、未だ中立国であるソ連を仲介として、無条件ではない、少なくとも皇室維持の条件付きの終戦を目指すことを考えた。

これは木戸案の次の部分に反映されている。

「対手国たる米英と直接交渉を開始し得れば之も一策ならんも、交渉上のゆとりを取るために、寧ろ今日中立関係にある蘇聯《ソ連》をして仲介の労をとらしむるを妥当とすべきか」[101]

東郷がソ連を仲介として終戦交渉を行う方針を立てたということは、しばしば誤った選択だったといわれる。この選択のために、八月八日までソ連の時間稼ぎにあったことが、原爆投下とソ連の参戦を招いたことは確かだ。

しかし、ザカライアス放送やトルーマンの声明（のちにはグルーの声明）は一貫してアメリカは無条件降伏方針を変えないと強調していた。そして東郷が在外公館から得ていたインテリジェンスでもこれは確認されていた。

ザカライアス放送は、天皇や重臣たちに終戦を決意させたが、その一方で、在外公館からのインテリジェンスと相まって、彼らをしてソ連を仲介とする米英との終戦交渉に向かわせるという負の面も持っていた。

五月初めまでは、ソ連に終戦交渉の仲介を要請するには手遅れだし、また危険すぎる、と繰り返し発言してきた東郷がこの選択をしたのは、決して最善と思ったからではなく、消去法でこの選択肢しかなかったからだ。[102]

東郷と同じ行動はスイス公使の加瀬俊一もとっている。ＯＳＳ文書によれば、彼は四五年五月一一日にＯＳＳの協力者となっていたフリードリッヒ・ハック（元海軍御用達の武器商人、当時はＯＳＳの協力者として日本人に和平を呼びかけていた）から接触を受けたとき、「ソ連を仲介として終戦を実現すると、ソ連のアジアでの権威が高まってしまうので、自分はアメリカと和平交渉がしたい」と申し出ている。

ところがこの三日後に本国の東郷宛に長文の電報を打ったときは、ヨーロッパ情勢やソ連の参戦の可能性についての分析をしつつ、ソ連を仲介として速やかに米英と終戦交渉に入ることを勧告している。[103]

これは加瀬の外交官的二枚舌というより、東郷が陥っていたのと同じジレンマを示している。つまり、アメリカと直接交渉したいが、相手は無条件降伏しか認めないといっているので國體護持という譲れない線を護るためには、相当の危険を覚悟してソ連に仲介を頼むしかない。だが、本心ではアメリカと交渉したいので、ソ連に仲介を拒絶される場合を考えて、OSSとのチャンネルも確保しておくことにしたのだ。

実際、このあと最終段階では加瀬は、このOSSとのパイプを最大限に利用して東郷、そして天皇に御聖断に必要なインテリジェンスを送っている。

ポツダム宣言の受け止め方

このあと東郷ら重臣と天皇に大きなインパクトを与えるのは、言うまでもなく七月二六日に発出されたポツダム宣言である。これはこの二人だけでなく広く陸軍や日本政府の上層部に知れ渡った。

注目すべきは、ザカライアス放送や在外公館からインテリジェンスを得ていたかどうかによって、この宣言の受け止め方がかなり違ったということだ。第6章でも見たように、松本俊一外務次官はザカライアス放送から國體護持ができると受け止めていた。さらに、松本を含む外務省幹部は、ほかにもポツダム宣言をポジティヴに受け止めさせる決定的なインテリジェンスを得ていた。

スイス公使加瀬は、現地にいる国際決済銀行勤務の北村孝治郎と吉村侃《かん》に依頼して、やはり国際決済銀行幹部のペール・ヤコブソンを使ってOSS幹部のアレン・ダレスにアメリカが日本の降伏条件についてどう考えているかを七月一四日と一五日の両日にわたって聞き出させていた。そしてこの会談の要旨を七月二一日に東郷にかなり長文の電報で知らせていた。

そのポイントを要約すると次のようになる。

1．イギリスは、ポツダム会議において、日本の皇室の維持に肯定的意見を述べるだろう。

2．アメリカは故意には皇居を爆撃していない。

3．アメリカはこれまでプロパガンダのなかで皇室と憲法を攻撃対象とすることはなかった。
4. すみやかに無条件降伏を受け入れれば、それが皇室および國體を護持するベストチャンスになる。
5. アメリカ世論に好印象を与えるもっとも確実な方法は、天皇が無条件降伏を受けいれるというリスクを取ることだ。(傍線筆者)[104]

この電報は七月二三日に東京にいる東郷のもとに届いている。これは、ポツダム宣言が発出される三日前だ。

東郷をはじめとする外務省の幹部は、ザカライアス放送とこのインテリジェンスによって、アメリカは明示的に皇室維持を条件として提示こそしないが、ポツダム宣言に「日本の降伏条件を定めた声明」という名称を与えていること、宣言のなかで日本に政体選択の自由を認めていること、そして皇室に言及していないことから、皇室維持の意向を持っていると判断した。

少なくとも、ザカライアスがいうように、最後まで戦って否応なく降伏するよりは、統治機構がまだ機能しているうちに無条件降伏して、大西洋憲章にある、政体選択と領土保全の恩恵を受けた方がいい、また、たしかにリスクはあるが、当時の状況下では、ダレスのいうように、天皇がこのリスクを取ること、その姿勢を連合国側に示すことが、皇室を残すもっとも確実な方法だと彼らは思った。

したがって、第6章でも見たように、東郷はポツダム宣言を極めてポジティヴに受け止めた。

そこで彼は七月二七日に天皇に「なお直にこれを拒否するが如き意志表示を成すときは重大なる結果を惹起すべきと共に戦争終末につきソ連に申し出中なる関係もあるによりこの辺を見定めたる上措置すること可なりと思考する」と内奏し、最高戦争指導会議においても「この線（ポツダム宣言）に沿って受諾然るべし」と主張した。[105]

木戸、加瀬、松本の証言から、天皇が東郷、木戸と情報を共有していたことが確かなのだから、天皇も東郷と同じようにポツダム宣言を受け止めたと考えていいだろう。

にもかかわらず、彼らは直ちにポツダム宣言を受諾しようとしなかった。なぜなら、すでに駐ソ大使佐藤尚武を通じてソ連に終戦交渉の仲介を要請していたからだ。ソ連は日本の和平案は具体性を欠いていると指摘はしたが、拒否はしていなかった。したがって、日本はスターリンやモロトフなどソ連のトップがポツダムから戻るまで待って、要請が受け入れられるのか、拒否されるのかはっきりするのを待たなければならなかった。だから七月二七日の閣議でも、この宣言についてはコメントせず、事態を静観する方針を決めた。

一方、情報をもっていなかった、あるいは無視していた軍関係者、特に陸軍関係者と特攻隊の生みの親である大西瀧治郎中将（海軍軍令部次長）のポツダム宣言の受け止め方は、東郷、木戸、天皇とはまったく違っていた。

これらの人々は、ポツダム宣言に対しはっきり拒否の姿勢を示さなければ、日本軍に致命的な士気の低下をもたらすとして、鈴木総理大臣に圧力をかけ、結局、ポツダム宣言を「黙殺」するという声明を出させた。[106]

スイス公使はポツダム宣言受諾を説き続けた

この「黙殺」発表をスイスで聞いた加瀬はなんとしても、ポツダム宣言が皇室維持を否定するものではないということを理解させて、この宣言を受諾させ、終戦に持ち込もうと考えた。

そこで、七月二八日の朝、彼はスイスのバーゼルにいる吉村をヤコブソンのもとへ送って、彼を通じて現地のＯＳＳに次の問に対するアメリカ側の答えはどのようなものになるかと再度確認させた。（１）アメリカの意図は日本民族を滅亡させることとか、（２）天皇は戦争犯罪者とされるか、（３）ポツダム宣言では「日本軍」だけが無条件降伏することになっているが、その通りか。ヤコブソンは最初の二つには否、あとの一つにはしかりと答えた。

吉村は喜び勇んでバーゼルからスイス日本公使館のあるベルンに向かい、その日のうちに加瀬にヤコブソンの回答を報告した。

加瀬はこれと七月二一日のグルー声明を踏まえて、七月三〇日付で東郷に次のような「ポツダム三国宣言に関する観察」を送った。

一、独に対する態度との顕著なる相異

独に対しては今回の如き全般的語調、形式をもつて相当仔細に条件を附すると共に兎《と》に角一定の保障を与へつゝ呼掛けをなしたることとなし就中《なかんずく》

(イ)　皇室及び国体には触れ居らざること

(ロ) 日本主権を認め居ること
(ハ) 日本主権の行はるゝ範囲たる日本国土の一部を認め居ること
要するに日本民族が死をもつて擁護しつつある国体の下に国家生活を営み行く基礎を認むる考なること
(ニ) 所謂無条件降伏の文句を用ふるに当り右は日本軍に就きてであり日本国民又は政府に就きてにあらずと云ふ印象を与へ彼等としては余程考へたりと認めらるること
此の外我の面子保持を色々なる点で考へたる形跡あること[107]

これはモスクワにいる佐藤にも送られた。そして、佐藤は八月四日、東郷に対しもはやソ連による仲介をあきらめ、ポツダム宣言を受諾し英米に降伏するようにという電報を送る際、加瀬の電報に言及し、彼のポツダム宣言についての解釈はきわめて当を得たもので、自分も全く賛成である、ついては、もはや一刻の猶予もならないので、即座にポツダム宣言を受諾して戦争を終わらせるようにと述べた。[108]
にもかかわらず、東郷も、そして天皇もまだ動けなかった。ソ連に仲介を依頼した以上は、はっきりした返事をもらわないうちは、勝手に英米にポツダム宣言受諾による降伏を伝えることはできないと考えたのだ。このような状況になっても彼らはソ連に対する信義を守ろうとしていた。

この間の八月六日、広島に原爆が投下された。その三日後、アメリカが二発目の原爆を投下したことを知ったのち、日本のトップはポツダム宣言受諾拒否を理由とするソ連の宣戦布告を受け取った。

ポツダム宣言を拒否するような意思表示をするならば、重大な結果を招くだろうという東郷の予言は的中してしまった。だがこれによって、東郷も天皇ももはや、ソ連の返事を待つ必要はなくなった。

インテリジェンスが終戦をもたらした

ただちにポツダム宣言受諾を決定するために八月九日緊急会議を開いたところ、國體を護持できる見込みが立たないかぎりは受諾できないという議論になった。そして、國體護持のための条件として次の四つの条件があげられた。

（1）（ポツダム宣言は）日本皇室に関することを包含せず

（2）在外日本軍隊は自主的に撤収の上復員す
（3）戦争犯罪人は日本政府において処理すべし
（4）保障占領はなさざるものとす

この条件論争において、ザカライアス放送とスイスからのインテリジェンスを得ていた東郷と木戸と米内光政海軍大臣らは（1）のみで國體護持が可能だとして、これだけを条件として降伏することを主張した。

これに対し、ザカライアス放送を無視し、海外から入ってくる都合が悪いインテリジェンスを無視し続けていた陸軍大臣阿南惟幾と陸軍参謀総長梅津美治郎らは四つすべて通さなければ國體護持はできないので降伏に反対するとした。

一条件派と四条件派が同数で、議論が暗礁に乗り上げたとき、鈴木貫太郎総理大臣が天皇陛下のご聖断を仰ぎ、それによって決したいと発言した。

東郷や木戸とインテリジェンスを共有している天皇は、「自分は東郷に賛成である」として一条件のみで國體が護れるとし、ポツダム宣言を受諾し戦争を終わらせることを決定した。[109]

この翌日、ポツダム宣言が天皇の統治の大権を変更する要求を含んでいないという了解のもとにこれを受諾するという電報が、スウェーデンを通じてソ連に、スイスを通じてそれ以外の連合国に打たれた。

もし、四条件を連合国側に提示していたなら、ほぼ確実に終戦交渉は流れてしまい、それを陸軍の強硬派に利用されて、三、四発目の原爆投下と本土決戦を覚悟しなければならなくなっていたことだろう。

八月一二日に天皇の大権は連合国最高司令官の権限の下に置かれるとして日本の条件に修正を加えるとアメリカの国務長官ジェイムズ・バーンズが回答してきた。

この前か後かはわからないが、同日天皇に会見したときの模様を木戸は次のように語っている。

「以上のような経緯があったので（阿南と平沼が東郷にバーンズ回答を拒否せよと働きかけたこと）、私はその（一二日の）午後天皇に拝謁した際、その詳細を申上げました。天皇は之に対し、即座にそして率直に次のような趣旨のことを仰せられました。『連合国側の回答の中に「自由に表明されたる国民の意志」あるのを問題にして居るのであると思うが、それは問題にする必要はない。若し国民の気持が皇室から離れて了って居るのならば、たとえ連合国側から認められても皇室は安泰と云うことにはならない。反対に国民が依然皇室を信頼して居て呉れるのなら、それを国民が自由に表明することによって、皇室の安泰も一層決定的になる。これらの点をハッキリ国民の自由意志の表明に依って決めて貰うことは好いことだと思う。』」[110]

天皇は、グルーやザカライアスが、ラジオでいっていたこと、つまり、日本が敗戦を受け入れても大西洋憲章に基づいて政体選択の自由が認められると強調したことで、自分に何を伝えたかったたかを理解していたようだ。

さもなければ、ポツダム宣言の第一二条すなわち「日本国国民が自由に表明した意思に従い平和的傾向を有しかつ責任ある政府が樹立されれば連合軍の占領軍は直ちに日本から撤退する」を自分に引き付けて「自分が国民から支持されれば皇室は存続できる」と確信をもって解釈することはできなかっただろう。

国民の自由意思に任されたとしても、国民に必ず支持されて皇室は存続できるという天皇の自信が、木戸に対してこのようなことを述べさせたのだろう。『機密戦争日誌下』によれば、天皇はこの前日の八月一二日にもポツダム宣言受諾を思い直すよう求めて来た阿南に対し「阿南心配スルナ、朕ニハ（國體護持の）確証ガアル」といったとされる。[111]

八月一三日にはさらにスウェーデン公使岡本季正《すえまさ》が次のような電報を送ってきた。

「十二日当地新聞は倫敦及び華府特電として米国が四国政府を代表して対日回答をなせる経緯に付大略左の如く報道し居れり

一、日本の留保承認の可否に付米英共に政府部内において賛否両論あり最初の米側『テキスト』は天皇の地位を連合国の指導下に認むる旨の文句あり、又英側において起草せるものには天皇の地位を認めつつも only until further notice なる制限を附せりソ連は最も強硬に文字通り無条件降伏を主張し之が為三六時間に亘り四国間に極力折衝せる結果結局天皇の地位を認めざれば日本軍隊を有効に統御するものなく連合国は之が始末になお犠牲を要求せらるべしとの米側意見が大勢を制して回答文の決定を見たるものにて回答文は妥協の結果なるも米側の外交的勝利たりと評し居れり（中略）

三、なお昨日来のBBCその他敵側放送は連合国は日本の申出を条件附にて受諾せるものなりと述べ『アクセプト』なる語を使ひ居れるは注意を要す」[112]

要するに日本軍を武装解除する上でも、その後の占領統治においても天皇は必要なので、アメリカは皇室を残すことを考えていて、この意見が四国間で大勢を占めているということだ。それを「米側の外交的勝利」とさえいっている。

外務次官松本俊一はこの電報の写しが鈴木首相と木戸内大臣に渡されているので、天皇も読んだだと思うと証言している。[112]

敵性放送だけでなく、在外公館などからの電報の内容も天皇に伝わっていたと考えてよい。八月一四日に最終決断した際も、天皇は、「自分は、先方は大体我方の言分を容れたものと認める。第四項に付ては東郷外務大臣のいう通り日本の國體を先方が毀損せんとする意図を持つているものとは考えられない」と、皇室が維持でき國體が護持されるという確信を示している。

あるいは、戦後の日本人には、これは天皇が確信を持っていたのではなく、自らと皇室を日本民族のために犠牲にする覚悟で敢えて述べたものだと思う人がいるかもしれない(『國體の本義』を理解すればそれはないと分かるが)。

しかし、天皇は伊勢神宮が空襲に遭い、三種の神器が失われること、あるいは大本営がアメリカの空挺部隊により占拠される恐れを口にしていた。[113] また、前に見たように、八月一二日に皇族会議が開かれたときも、朝香宮に対し、國體護持ができないとわかったら戦争を継続すると断言している。

したがって天皇は重臣たちや軍部に敗戦を受け入れさせるために、自分が思ってもいないことをいったのではなく、ポツダム宣言受諾によっても國體が護持できると確信して「御聖断」を下したと考えていいだろう。

天皇は、多くの重要なインテリジェンスを得つつも、ダレスがいったように、自らリスクを冒し、明治憲法に反する超法規的「御聖断」まで下して、日本を終戦に導いた。

戦争を終わらせるうえにおいてこれほど貢献をした天皇だからこそ、終戦後日本にやってきたマッカーサーは、彼を戦争犯罪者とすることも、排除することもできなかった。

天皇は、自らの行いによって、國體を守り抜いたのだ。

第9章　現代中国の歴史は侵略の歴史である

中国はポツダム宣言と無関係

中国の海洋での侵略的動きが目立っている。アメリカがヴェトナムから撤退した後の七四年に南ヴェトナムから西沙諸島を奪い、やはりアメリカがフィリピンの基地を閉鎖した九五年に南沙諸島のフィリピン領ミスチーフ礁を、二〇一二年にはスカボロー礁を不法占拠した。

現在、中国は尖閣諸島に海洋監視船を送り、日本の領海侵犯を常態化させている。中国の監視船が日本の漁船を追跡し、海上保安庁の巡視船が間に割り込んで漁船を保護するという事態まで起こっている。

最近も、中国は国際社会の目を盗んで、南沙諸島のスビ礁、ファイアリー・クロス礁、クアテロン礁、ミスチーフ礁、ヒューズ礁、ジョンソン南礁、ガベン礁、エルダッド礁（安達礁）の埋め立てと人工島化を進め世界世論の非難の的となっている。原油や液化天然ガス（LNG）輸送船の半分近くがこの海域を航行するので、世界各国は、中国がこれらの人工島を軍事拠点化することを恐れている。

　中国は二〇一二年九月二八日にアメリカの有力紙に「釣魚台諸島は中国に属する」という意見広告を掲載した。奇妙なことに、中国はポツダム宣言に基づいて、日本が尖閣諸島に対して主権を持っていないと主張しているのだ。[114]

　広告に引用されているポツダム宣言の第八条は「カイロ宣言の条項は履行される。そして日本の主権は本州、北海道、九州、四国および我々が定める小さな島々に限定される」となっている。ちなみに、カイロ宣言では「日本によって盗み取られた台湾および澎湖島は中華民国に返還する」としている。[115]

　おそらく中国側の論理では、尖閣諸島は日本に「盗み取られた」台湾の一部で、しかも日本はポツダム宣言受諾によって本州、北海道、九州、四国以外の島嶼を放棄したのだから、自分たちのものだということだろう。

　日清戦争のあとの下関条約で清が割譲した領土のなかに尖閣諸島の名はないので、盗み取られたという主張については触れる必要はないだろう。[116]　問題なのは、ポツダム宣言の「我々が定める小さな島々に限定される」という部分だ。

　これらの島々の帰属は、「我々」が決めたのだから、日本は「ルールに従う側」として、ただいうことを聞けということだ。意見広告では、中国はアメリカと同じポツダム宣言を出した側、つまり「我々」、「ルールを作る側」に自らを位置づけている。

　しかしながら、中国は「我々」に含まれておらず、戦後秩序を作った側にもいなかった。日本が戦争で負けたのはアメリカによってであって、中国（国民党の）に負けたのではない。まして、戦争中は延安あたりをさまよっていた毛沢東の中国（共産党の）に負けたというのは論外だ。

　ポツダム宣言が出された当時、中国（国民党の）さえ、「我々」に入っていなかった。ポツダムで「ルールを作った」のはアメリカである。ポツダム会議に出席した首脳はハリー・S・トルーマン、ウィンストン・チャーチル、ヨシフ・スターリンで、蔣介石は出席できなかった。チャーチルは選挙に負けて首相の座を降りることが決まっていた。スターリンは自作のポツダム宣言案を出そうとしたが、すでに決まっているからとトルーマンに突き返され、宣言への署名もしなかった。つまりポツダム宣言の「我々」とはアメリカのことで、蔣介石はこの宣言案を追認したに過ぎない。そして再度強調しておくが、蔣介石の中国は現在ある共産党の中国とは別物である。

日本の占領に関しても、ダグラス・マッカーサー連合国軍最高司令官は、イギリスと台湾（中華民国）を占領に加えたが、ソ連の参加は、断固として拒否した。イギリス軍はアジアの植民地のことで手が回らず、台湾も国共内戦で日本占領どころではなかったので、実質的にはアメリカ軍による単独占領だった。

アメリカは、占領中いろいろなルールを作り、それらを日本に押し付けた。現在も変っていないものとしては、領土のほかにも、憲法、放送法まである（教育基本法は二〇〇六年一二月二二日に改定された）。アメリカが軍事的絶対優位を背景にルールを決めるという状況は、占領が終わって日本がアジア諸国や西側諸国とサンフランシスコ講和条約（以下サンフランシスコ条約とする）を結ぶときも変わりなかった。

ところが、アメリカは、日本に北方四島を放棄させておきながら、それらの帰属は決めなかった。したがって、これらの島々は、明確な取り決めもないまま、戦争末期に軍事占領したソ連の実効統治のもとに置かれ続けている。

韓国もまた、アメリカ（我々）が竹島を日本に引き渡すと決めたにもかかわらず、これを無視して不法占拠している。

ソ連、中国、韓国はサンフランシスコ条約に署名していない。これら三カ国はアメリカの決めたルールではなく、自分たちが決めたルールに従って行動している。

とりわけ中国（現在の）は、サンフランシスコ条約締結当時、アメリカと朝鮮半島で戦争をしていた。アメリカは四九年に『中国白書』を出して、中国の内戦にはもう関わらないとし、五〇年には国務長官ディーン・アチソンが台湾を防衛ライン（アメリカが軍事的に防衛すべき範囲の境界線）の外に置き、国共内戦に対して中立の立場をとった。にもかかわらず、朝鮮戦争の途中から、このルールを一方的に変え、台湾を防衛ラインの内側に入れ、五八年八月の台湾海峡危機では、第七艦隊を派遣して、中国の台湾侵攻を封じた。[117] 中国は、このころ、ポツダム・サンフランシスコ体制の蚊帳の外に置かれ、アメリカの作ったルールに振り回される側にいた。

第3章で戦勝国によるヤルタ会議、ポツダム会議が戦後秩序の基礎になりえないことをあきらかにしたが、現在の中国はその戦勝国の側にさえいなかったのだ。私たちはことあるごとにこの歴史的事実を指摘して、図体の大きい隣人の「勘違い」あるいは「思い違い」を正す必要がある。

中国は何をしてきたか

　では、「我々」の側にはおらず、戦後秩序を決める側にもなく、サンフランシスコ体制にも与しなかった中国（共産党の）は、四九年の建国以来アジアで何をしていたのだろうか。

　二〇一四年に公開されたダグラス・マッカーサー記念アーカイヴズ所蔵の「アメリカ極東軍司令部電報綴一九四九―一九五二年」はそれを明らかにしてくれる。[118]

　この文書は四九年から五二年（日本占領終結時）まで、本国の国務省が各国のアメリカ大使館から集めたアジア各地域についてのインテリジェンスを東京のアメリカ極東軍司令部（占領軍と同じ）に送った電報の綴りで、その内容は必ずしも中国に限定したものではない。

　にもかかわらず、これを丹念に読み込み、情報を貼り合わせていくと、生まれて間もない中国が、極めて貪欲にアジアの周辺諸国に侵略の手を伸ばし、これらの国々の間に紛争を起こしていく姿が鮮明に浮かび上がってくる。日本を侵略国家として飽くことなく非難し続ける中国は、誕生の時から、いやその前から侵略に手を染め、他国の人民から土地を奪っていたのだ。

断わっておくが、こういった軍事インテリジェンスは、外部に向けてのプロパガンダと違って、あくまでも内部で用いる情報であり、事実かどうかが重要なので、アメリカ側から出てきたものとはいえ信頼性は高い。

中国とソ連のアジア分割密約

意外なことに、中国のアジア各地での拡張主義的動きは、朝鮮戦争と時期が重なる。筆者は朝鮮半島に約三〇万の軍隊を送った中国は、この戦争にかかりっきりだったと思い込んでいたが、実際はまったく違っていた。

中国は朝鮮戦争とほぼ同時進行で、ヴェトナム北部に大軍を送り、ミャンマー（当時はビルマ、以下同）北部・タイ・ラオス・中国南部の国境地帯で領土拡張の浸透作戦を行い、台湾に侵攻するための艦船の供与をソ連に求めていた。

しかも、前年の四九年にはすでにチベット東部を侵略していて、朝鮮戦争のさなかにも中央チベットまで侵攻し、チベット征服を完成させているのだ。まさしく貪欲そのものだ。

こういった中国の侵略的動きの全体を眺めてみると、朝鮮戦争への中国の参戦がこれまでとは違ったものに見えてくる。つまり、この参戦は、自衛というよりは、中国が周辺諸国に対して起こしていた一連の拡張主義的動きの一部だったと見ることができるということだ。事実この戦争のあと、中国はソ連に代わって北朝鮮の宗主国となる。

その後、中国はさらにヴェトナム、ラオス、ミャンマー、タイ、インドへとターゲットを変えつつ、侵略的動きを継続させていく。近年の西沙諸島や南沙諸島の島々の強奪、そして尖閣諸島への攻勢は、この延長線上にあるのだ。

まず、中国の拡張主義的動きがどのような背景から起こったのかを知る必要がある。以下の本国の国務省―アメリカ極東軍司令部（東京）間の五〇年一月二四日の電報はこれを明らかにしてくれる。

「（前略）中国の勢力圏のなかにおいては、ソ連はチベットを含む戦争において（中国に）特別な権利を認めることになっている。熱烈な親ソ派は、共産主義拡大のためには国境線など忘れるべきだとする。共産主義のために中国が提供すべきとされる兵力は五〇〇万に引き上げられた。三〇〇万人の中国人労働者がすでに満州からシベリアに送られており、さらに七〇〇万人が六ヶ月のうちに華北から送られることになっている。中国のあらゆる施設と炭鉱にソ連の技術者が受け入れられることになっている。ソ連式の集団的・機械的農業を夢見る熱烈な親ソ派は、農民がいなくなった耕作地と残された人々の飢餓を平然と眺めている。（後略）」[119]

ここでは中国とソ連の間の密約が明らかにされている。つまり、中国は共産圏拡大のために五〇〇万人までの兵力を提供することを約束し、満州と華北から一〇〇万人の労働者をシベリアに送ることにしている。それと引き換えに、中国の鉱山や施設にソ連の技術者を送ってもらい、領土を拡張することをソ連に認めてもらっている。

満州と華北の人民といえば、軍閥同士の覇権争い、日中戦争、ソ連軍の侵攻、国共内戦によって多大の被害を被った人々だ。新生中国は、よりによって、もっとも戦禍に苦しんだ同胞をシベリア送りにし、その代わりとして、ソ連の技術者を派遣してもらい、隣国を侵略する権利をソ連から得たのだ。

しかも、特に熱烈な親ソ派は、大動員の結果として広大な耕作放棄地が生じても、あとに残された人々が飢餓に苦しんでも、平然としているという。ソ連式の集団的・機械的農業が導入できるというので、このような事態を歓迎しているようだ。朝鮮戦争に駆り出されたのもこの地域の住民だったのではないだろうか。「中華人民共和国」といいながら、中国共産党幹部は人民の生活と生命をないがしろにしている。

中国のチベット侵略

引用文中にチベット侵攻についての言及があるが、これについては五〇年一月一五日付の駐インド・アメリカ大使館発の電報がある。

「チベットの政治的地位について議論するのを避けながらもインド政府はチベットにわずかばかりの武器を与え、外交的支援も行っている。インド政府はいかなる状況下でも中国共産党と敵対するために軍隊を送るつもりはない。中国の決然たるチベット侵攻を前にして、インド政府の対応は中国共産党を思い留まらせるようなものではない。（サルダール・）パテル（初代副首相）は個人的な会談で、中国はインド政府が何をいおうと耳を貸そうとしないと述べている」[120]

中国は四九年にすでに東部チベットに侵攻していて、さらに中央チベットにも進む構えを見せていた。中国国民党政府は、チベットを独立の国ではなく、中国の一部としていたので、これを問題としなかった。当時の中国国民党政府は国際連合の常任理事国だ。

インド政府もまた、四七年に独立を成し遂げたばかりなので、介入を回避した。インドとチベットと中国の国境線は現状維持とすることで中国と合意していたということもあった。

インド首脳は、仮にチベットが中国の勢力圏に入れられたとしても、自治が認められる限り、軍隊を送って奪還することはしないと決めていた。だが、この消極姿勢につけこんで、中国は中央チベット侵攻のための道路建設を着々と進めていた。引用にもある通り、中国はインド政府がチベットについて何をいおうともはや耳を貸さなくなっていたのだ。

五〇年一〇月七日、中国は中央チベットへの侵攻を開始した。これについての情報を駐インド米国大使館は二七日になってようやく未確認情報として本国国務省と東京の占領軍に打電している。[121] だが、アメリカは自らの勢力圏からかけ離れた地域にあるチベットに関してはまったく打つ手がなかった。せいぜい駐インド米国大使館を通じて、懸念を伝えることしかできなかった。

インド政府も中国が「インド、チベット、中国の国境線は現状のままとする」、「チベットに自治を与える」という約束を一方的に破って、軍事力によってチベットを中国の国境戦のなかに入れたことがはっきりしたにもかかわらず、これを傍観していた。[122]

独立後の不安定な国内事情を抱えていたので、極めて威圧的な態度をとる中国と国境地帯で軍事的衝突を起こすのを避けたかったからだ。このことをインドは、特に六二年に中印国境紛争が起きたときに後悔することになる。

朝鮮戦争と同時にインドシナ浸透作戦

インドシナ半島に関していうと、中国は朝鮮戦争の勃発と前後してこの半島への浸透作戦を開始していた。それを示すのが、五一年三月二二日付（ただし内容は五〇年八月のもの）の現地ヴェトナム発の占領軍と国防総省宛の電報だ。

「アメリカ当局は以下の主旨の元広西省政府主席の黄旭初将軍による報告を（各部局に）転送している。すなわち、五〇年八月以来中国共産党が率いる八万人から一〇万人の部隊がインドシナに入り込み、ヴェトミン（ホー・チミン率いるヴェトナム独立同盟）に支配されている地域の守備隊の任務についているというものだ。この情報源は、さらにこれらの兵士の半分以上は国境地帯で集められたヴェトナム人であるとしている。（中略）この件について集まった情報を検討した結果、G2（GHQの参謀第二部）は次のような結論に至った。

（1）反フランス「ヴェトナム人義勇軍」の編成が一九五〇年の半ばから行われている。
（2）この軍隊は国境地帯の中国共産党軍から引き抜かれたいくつかの部隊から成り立っていておそらく師団の大きさになっているだろう。
（3）この軍の兵力はおよそ三万人である。
（4）「インドシナ義勇軍」はインドシナ国境付近に展開される」[123]

この情報は、他の情報源からもぞくぞく入ってきたインテリジェンスによって事実だと確認された。ヴェトミン支援という名目のもとに、中国共産党軍が大軍をインドシナに送り込んだのは確かだった。中国は鴨緑江の北岸に兵力の集結をはかり、一旦、事あるときは北朝鮮支援に動く構えを見せる一方で、遠く離れたインドシナの国境地帯にも大軍を送っていたのだ。

この場合のインドシナとは、ヴェトナムだけでなく、同じく国境を接するラオス、カンボジア、タイ、ミャンマーをも含んでいる。ただし、この電報は、中国共産党軍とはいえ、その兵士の半分が中・越国境地帯でリクルートされたヴェトナム人であること、ヴェトナムで軍事行動に携わったものは、「ヴェトナム人義勇軍」を名乗っていたことも明らかにしている。この「ヴェトナム人義勇軍」がホー・チミンの軍隊のなかで重要な地位を占めたことは疑う余地がない。

しかも、もう一つ国境を接している広西省（現・広西チワン族自治区）にはさらに「インドシナ人義勇軍」支援のための大軍が控えていて、いつでも国境を越えられる準備を整えていた。中国が朝鮮戦争に参戦したあとの五〇年一二月一一日付の国務省発の電報はそのことを示している。

「信頼できる情報筋によればかなりの数の中国共産党軍のインドシナ国境へ向けての移動が認められた。一三万八〇〇〇人におよぶ兵員が雲南から広西へ移動している。その一方で、さらに六万人プラス砲兵隊と機甲部隊が漢口付近と汕頭からインドシナ国境へと動いている」[124]

その軍事的意図について国務省はこう分析している。

「これは朝鮮戦争のパターンの繰り返しだ。朝鮮戦争でも現地の共産主義者が内戦を戦い、彼らの分が悪くなったらすぐに介入できるように中国共産党軍が控えていた。もう一つの可能性は、（インドシナの人々に）朝鮮で起こったことを思いださせて、インドシナの共産主義勢力に抵抗する意思を萎えさせるということだ。つまり、ヴェトミン軍が敗れても、はるかに強大な中国共産党軍が介入してくると思わせることだ」

この時期のヴェトナムは、ホー・チミンのヴェトミンが支配する北部と再びバオダイ帝を担いでフランスが作ったヴェトナム国の南部とに分かれていた。しかし、第二次世界大戦で疲弊したフランスは、インドシナに大軍を送る余裕がなかった。だから、中国の脅しはかなり効いた。

このようにフランスの腰が引けているため、ヴェトミン軍は日を追うごとにフランスとヴェトナム国の連合軍に対して優位に立つようになる。その影響は、ヴェトナムにとどまらず、おなじくフランス連合（フランスとその植民地の連合）に入っているカンボジアとラオスに直接的に波及する。このため、しばらくのちには共産主義のドミノ倒しを恐れるアメリカがフランスに代わって中国共産党軍をバックにしたホー・チミンと戦うことになるのだ。

あるいは中国共産党軍のこのような動きは、同じく共産主義を奉じるホー・チミンを支援するもので、領土的野心がさせるものではないという人がいるかもしれない。

しかし、ホー・チミンが真の意味で共産主義者だったかは、毛沢東がそうだったかと同じように疑問だ。共産主義者というよりは、民族主義者、独立主義者といったほうが歴史的事実に近いだろう。

だから、毛沢東が共産主義を広めるより、領土を拡大することに熱心だったのは不思議なことではないのだ。もともとインドシナの国々と中国の国境線は曖昧で、中国共産党の地図はその多くの部分を中国領としていた。したがって、インドシナに中国共産党軍が入り込み、その後も留まったのは、国境線の画定を自らに有利にする意図もあったといえる。

このような態度は、七四年に中国が南ヴェトナムから西沙諸島を奪い、南北統一後もヴェトナムに返さなかったときにも見られた。

ミャンマーへも侵攻

中国の領土的野望はフランス連合の三カ国にとどまらない。五〇年七月二六日の電報は、中国がミャンマー北部への侵攻を準備していることを告げている。

「中国共産党軍がサルウィン川の東（雲南省内）に軍事基地とミャンマーに通じる道路を建設していて、かつ、ミャンマーに通じる鉄道の改修も行っている。彼らはまたミャンマー北部の国境地帯に大規模な浸透作戦を行っていて、そのうちここが中国領だと主張するだろう」[125]

中国がチベットを征服したときも、まずは軍の駐屯地と道路を作ったのち、本格的な侵攻に移った。同じような意図をもって中国が引用にある行動をとっていることは明らかだ。

実際、五〇年一二月一〇日付の国務省からの電報では、ミャンマー国軍に反旗を翻した元国軍将校ナウ・センが自ら将軍を名乗り、雲南で一五〇〇人の兵を集めていることがミャンマー政府の悩みの種になっていると報告されている。[126]

中国共産党軍は、自らが培養したナウら反乱軍を雲南から送り込んだのち、前の引用に出てきた広西に移動させた一三万八〇〇〇人を雲南に戻し、これを道路と鉄道で一気に送ることができ、実際には、送るぞと脅してミャンマーに国境問題で譲歩を迫っている。この地域はチベットにも比較的近いので、確保しておけば点ではなく、線でこの地域を押さえることができる。

このあと、中国はミャンマーとの国境地帯をさんざん蚕食したあと、ようやく六〇年一月二八日になってミャンマーと正式な国境協定を結んだ。

朝鮮戦争参戦によって勢力圏

最後に朝鮮半島について見てみよう。そもそも、中国は朝鮮戦争参戦をどのように捉えていたのだろうか。これを示すのが五〇年九月一三日付で国務省からアメリカ極東軍本部に送られてきた次の電報だ。

「周恩来は北京で開かれた会議で、もし北朝鮮が押し返されることがあれば、中国の方針は敵が自国の領土に入ってくるのを待たず、国境の外で戦うと語ったということだ。その他の報告も、中国は朝鮮半島の事態の推移に深い関心を寄せており、国連軍が満州国境まで進んでくるなら、彼らはそれを自らの体制に対する重大な脅威とみなすだろうとしている。中国共産党軍が朝鮮戦争に参戦するかどうかの最終決断は国連軍が三八度線を越えるまで下されないだろう」[127]

この電報は次の二つのことを明らかにしている。（1）中国は満州国境に国連軍が近づくことを国家体制に対する重大な脅威と見なすので、国境の外で戦う、（2）国連軍が三八度線を越えるなら中国は参戦する。

この情報を信じていれば、占領軍の最高司令官にして国連軍の総司令官でもあるダグラス・マッカーサーは、国連軍が三八度線を越えた段階で、中国の参戦を予想できたはずだ。だが、実際には、この手の情報はブラフやプロパガンダとないまぜになっており、かつ中国がインドシナで大規模な軍事行動を準備しているのを知っているので、実際にそうするという確証は持てなかった。だから彼はトルーマン大統領と会談したとき中国が参戦する可能性を否定した。[128] だが、歴史は前述の情報が正しかったことを証明した。

注目すべきは、周恩来が、国連軍が満州との国境を越えたときではなく、三八度線を越えたときに参戦を決断すると述べていることだ。また、彼は国連軍が満州国境に近づくだけで国家体制に対する重大な脅威と見なすと威嚇してもいる。

これは一七一頁に引用した電報の内容を読めば理解できる。つまり、シベリア徴用のために疲弊し、飢え、不満がみなぎっている満州に自由主義陣営の軍隊に近づいてもらいたくなかったからだ。下手をすれば、この機会を捉えて満州の人民が国連軍を頼って、国境の外に流出したり、中央政府に反旗を翻したりするかもしれなかった。「自らの体制に対する重大な脅威」とは、このことをいっているのだろう。

また、国連軍が三八度線を越えれば参戦するといっているのは、中国が朝鮮半島もまた自らの勢力圏のなかであって、ソ連から特別な権利を認められていると考えていたことを示している。事実、中国は参戦によって、北朝鮮が自らの勢力圏内であることをソ連に認めさせ、これを属国化した。

朝鮮戦争への参戦は、中国首脳の満州の人民に対する不信と勢力圏拡大の野望がさせたことだと見ることができる。

以上見てきたように、生まれて間もない中国は、約一〇〇万人の満州の人民のシベリア送りと引き換えに、ソ連に周辺国の領土を掠め取る権利を認めてもらい、多年にわたる内戦と戦争で疲弊し切った中国人民を無用の戦争に駆り立てていた。

これらの侵略戦争の実態を見ると、共産主義イデオロギーを広めるためというより、共産党首脳の利己的な虚栄心と領土欲のための侵略戦争だったというほかない。

気がついてみると、これらはいずれも日本の敗戦によって軍事的空白が生じた地域だ。日本のアメリカに対する敗戦を最もあざとく利用して領土を拡大したのが中国だったのだ。

このことは、敗戦まで日本が領有していた西沙諸島や南沙諸島にも当てはまる。多少違っているところは、アメリカの軍事的プレゼンスの後退にも付け込んでいる点だ。

中国は日本を侵略国家と呼ぶ。現在、世界のどの国よりもこの言葉にふさわしいのは中国であることは明らかだ。しかもそれは過去のことなどではなく、現在進行中のものなのだ。

その中国は現在空母を一隻就航させ、近々もう一隻を就航させる予定だ。本章で見てきた過去の事例になぞらえるなら、軍事基地と道路を建設している段階にある。次の段階は侵略ということになるだろう。

そのターゲットが尖閣諸島であるという見方は楽観的に過ぎよう。中国が沖縄にしきりにプロパガンダを流して日本から離反させようとしているところを見れば、長期的には尖閣諸島を含む沖縄がターゲットになっていると考えたほうがいい。

事実、七一年一〇月の米中国交正常化交渉においても、周恩来はヘンリー・キッシンジャー大統領特別補佐官に中国は沖縄に権利を持っているという見解を述べている。

このような生まれつきの拡張主義的国家中国を止めることは、これまでのような一国平和主義では到底できない。これまでにない軍事的同盟関係を周辺国と構築し、それを盾として防いでいくしかない。しかも、日本はそれを急いでしなければならないのだ。

第10章　日韓国交正常化の立役者は児玉誉士夫だった

児玉とは何者か

児玉誉士夫といえば、年配の読者は、政界の黒幕、右翼の大物として記憶しているだろう。戦争中、海軍航空本部のために物資調達を行っていた彼は、終戦時までに蓄えた物資を占領期に売りさばいて莫大な富を得た。それを鳩山一郎が立ち上げた自由党につぎ込み、この党を政権与党にした。

五五年に自由党と日本民主党が保守合同によって自由民主党になったあとも、大野伴睦、河野一郎、中曾根康弘などの大物政治家のパトロンとなり保守政治に影響力を振るい続けた。その一方でやくざと右翼勢力を糾合し、裏社会でも隠然たる力をもっていた。彼ほど日本の政治に強い影響力を長期間にわたって及ぼし続けた人間はいない。

この児玉には、CIAや国務省などアメリカの政府機関が認める大きな外交上の功績がある。それは、六五年の日韓国交正常化である。

通常この外交交渉は、日本側の大平正芳や岸信介と韓国側の金鍾泌《キムジョンピル》の間の交渉とされ、その功績もここに名前が上がった政治家のものとされている。それなのになぜ、アメリカ側は、児玉をこの外交交渉の立役者と考え、その貢献を多としたのだろうか。

このような視点から日韓国交正常化交渉を見ていくと、この歴史的イヴェントの意外な面が見えてくる。それは、もともと、戦後の日韓関係とはどのようなものだったのかを理解するうえで大いに役立つ。

児玉を国賓に

六四年二月二三日、アメリカの女性実業家兼ジャーナリストがCIAに児玉を国賓としてアメリカに招待するよう要請していた。この女性は、名をラス・シェルドン・ノウルズといい、南米についての記事やラジオ・レポートをさかんに発信していた。彼女の記事やラジオ番組はVOA(ヴォイス・オブ・アメリカ＝アメリカの国営放送でプロパガンダに用いられる)にも使われていたので、国務省とCIAとも関係があった。

その彼女が考えたのは、「政治家から学生運動、果てはやくざまで動かせる」児玉を自家薬籠中のものにするためにも、彼をアメリカに招待してはどうかということだ。[129]占領期から児玉を知っているＣＩＡ幹部は、同年三月二〇日の文書で、彼女の提案にこう回答している。

「彼女の提案は、『マフィア』（Cosa Nostra）のボスを国費で呼べといっているようなもので、ＣＩＡは断固反対だ。それに、児玉はしたたかで、簡単にＣＩＡや国務省の意のままになるような男ではない」[130]

六四年当時、政権を握っていたのは民主党で、ＣＩＡ長官はジョン・マコーンだった。その前のアイゼンハワー共和党政権下でのＣＩＡ長官は、この情報機関の生みの親ともいうべきアレン・ダレスだった。しかし、ダレスはジョン・Ｆ・ケネディ政権のとき、キューバのフィデル・カストロを倒すためのピッグス湾侵攻作戦の失敗で失脚した。そのため、まったくの素人といっていい前原子力委員会委員長という肩書を持つマコーンが後を受けたのだ。この首のすげ替えは、勝手にリスクの大きい秘密工作を進め、大統領に事後承諾を求めてくるＣＩＡに、ボスは誰なのかをケネディ大統領が教えた措置だった。

これによって、人員の入れ替えも行われ、占領期や共和党政権期に日本で何が行われたのかを知らない局員がＣＩＡに増えていた。

だが、児玉は別格であった。

占領中アメリカがもっとも恐れたのは、軍国主義者と国粋主義者の復活・復権だった。そのため、ＧＨＱはＡ級戦争犯罪人として児玉を巣鴨プリズンに収監し、戦前・戦中の軍国主義者・国粋主義者について実に多くのことを聞き出した。国際検察局がまとめた彼の尋問調書は、アメリカ側にとって日本の右翼について知るうえでの格好の教科書になった。実際、彼の複数の著作物が英訳されている。

尋問も終わり、戦争犯罪については無罪となり、四八年に釈放されたあと、ＧＨＱはなおも彼を厳重な監視下に置いたうえで、彼が蓄えていたタングステンなどの戦略物資を買い取る形で彼の反共産主義的活動（共産党や社会党左派を抑え、監視する活動）に資金援助をした。

戦後彼が大物になったのは、戦時中に蓄えた物資のおかげもあるが、ＧＨＱやＣＩＡの後ろ盾のおかげでもあった。[131]

ただし、よくいわれるように、児玉がこれらの機関のスパイだったかといえば、話はそう単純ではない。前述のように、児玉はしたたかな人物で、誰かの言いなりになるような男ではなかった。児玉は多くの場合、利用されているように見せながらも、その実、彼らを利用していた。彼らは反共産主義という点において、共存共栄の関係にあったといったほうが正確だろう。

CIA日本支部の大きな仕事の一つは、児玉や彼の周辺にいる人物の活動を監視し、かつ彼らの反共産主義的活動を助長することだったといってもいい。このようなわけで、CIAや国務省関係者にして、児玉を知らないものはいなかったのだ。

ノウルズの提案は退けたものの、両省の人間は児玉が日韓国交正常化においてきわめて重要な役割を演じていることは知っていた。ただ、彼らは彼女が考えているようなやりかたで彼を遇する必要はないと思っていた。彼は所詮、裏社会の実力者なので、表社会の政治家などと同じようにすると何かと差しさわりが生じる。それに、そんなことはしなくても、彼は当時取り組んでいることをやり遂げるだろう、と彼らは信じてもいた。

児玉は朝鮮半島とどう関わっていたか

児玉は朝鮮半島と関係が深かった。彼は養父が財産を政治に使い果たしたため、一家離散を経験している。児玉を引き取ったのは京城近郊の竜山の駅長の妻となっていた腹違いの姉だった。この姉は児玉を養子に出すのだが、彼は養家から逃げ出し、自力で生きることを選択した。当然、児玉少年はたいへんな苦労をするが、そんな彼に同情し、助けてくれたのが、周囲にいた朝鮮人だった。以後、彼は朝鮮人に強いシンパシーを持つようになる。

その後、日本に帰り、右翼活動をしていたところ、海軍航空本部の大西瀧治郎中将に見いだされ、彼は海軍のための物資調達機関である「児玉機関」の機関長になった。そのため日本が敗戦を迎えたとき、はからずも彼のもとに膨大な量の戦略物資や生活物資が残ることになった。これを戦後の混乱期に売りさばいて莫大な資産を築いた。[132]

この豊富な資金を使って、彼は戦後分裂状態にあった右翼を糾合した。また、彼のもとには、戦争で身内を失い、彼のためならば監獄入りも厭わない少年や若者が集まってきた。彼らの少なからぬものが朝鮮半島出身者だった。そのなかで最も大物になるのが、CIA文書に「児玉の義理の息子」とでてくる町井久之だ。[133] 彼が組長を務めた東声会は稲川会（山口組とともによくマスコミを賑わす）と覇を争うほどの勢力だった。

さらに彼は、鳩山一郎に自由党の設立資金を提供し、この党が政権与党となったのちも、大物政治家に政治資金を提供し続け、表の社会でも大きな政治的影響力を持っていた。

とはいえ、いくら政界の黒幕として力を持っていても、通常であれば、日韓国交正常化交渉のような国と国との表舞台の交渉にこのような裏社会の人間は関わらない。だが、戦後の日本と韓国は、このような裏社会の人間でなければ調整できないほど、表舞台において対立していた。

韓国はこうして反日国家になった

日本の敗戦後の朝鮮半島では、ソ連支配下の北とアメリカ支配下の南に分かれて独立国家建設の動きを起こしていた。アメリカの庇護のもと南でその中心となったのが李承晩だった。

彼は、若いころにアメリカに渡り、ハーヴァード大学やプリンストン大学で教育を受けたあと、一九年四月一〇日に上海で結成された「大韓民国臨時政府」の大統領に就任するが、二五年にその地位を追われたあとも独立運動の中心であり続けた。このような経歴を持ち強いアメリカとのコネクションを持つということから、アメリカは彼が指導者としてふさわしいと思った。

四八年五月一〇日、朝鮮半島の南部のみの総選挙が行われ、議会が誕生し、八月一五日に大韓民国の建国が宣言された。李は第一共和国憲法に基づき、議会によって大統領に選出された。その後、李は、あらゆる民主的手続きを無視し、反対派を弾圧して独裁体制を敷いた。抗日運動に長く携わってきたことから、そして国民も長年の支配によって鬱屈した感情を持っていたことから、李は激しい反日政策を採った。

四八年九月に反民族行為処罰法が制定され、その後反民族行為調査委員会が設置され、「親日反民族行為者」を特定して処罰し始めた。アメリカが日本の占領終結と独立に向けてサンフランシスコ講和会議の準備に入ると、韓国は「戦勝国」としてこの会議に参加する意思があること、日本に戦争賠償と対馬、パラン島、竹島などの領土の割譲を求めることを表明した。[134]

しかし、国務省顧問のジョン・フォスター・ダレスは、「韓国は戦勝国ではない」として会議への参加を却下。領土要求も「根拠がない」と国務省が退けた。李は、その腹いせとして、不法に竹島を内側に含む形で李承晩ラインを設定し、魚を求めてこのラインを越えてやってくる日本漁船を銃撃し、拿捕した。さらに、国内法によって「大韓民国は四一年に日本に宣戦布告」しており、したがって「戦勝国」であり、「日本に賠償を求めることができる」と定めた。これは現在でも韓国の歴史教科書に記載があるので戦後世代の韓国人は、この大嘘を信じて疑わない。[135]

李の指導者としての無能さ、横暴さに辟易していた国民もこれには喝采を送った。彼は政権についた当初から政治的失策や反対派への弾圧から国民の眼をそらし、一時的人気を得るために、反日的政策を採ったが、これに次第に拍車がかかっていった。これは李以後も連綿と続いていく韓国政治の伝統となる。

アメリカは李が邪魔になった

一方、アメリカは、指導力はまったくなく、自分たちの意向に反して、反対派を弾圧し、独裁を強化していく李を次第にうとましく感じるようになった。また、日本の影響を消し去るために支持していた李の激しい反日政策も、不都合だと考えるようになった。特に四九年に共産主義の中華人民共和国が成立してからは、その傾向が強まる。

北朝鮮の北に中国とソ連という共産主義の二つの大国が存在するようになったのだが、その防壁となるべき韓国は、李のおかげで、軍事的にも経済的にも脆弱で、いつ崩壊するか分からない。アメリカとすれば、日本と韓国が経済面と軍事面において支え合うようになれば、反共主義の防壁として強化されるし、自国の負担もかなり減る。

　このようなアメリカの意向を察知しつつ、李はこれ見よがしに反日政策に邁進《まいしん》した。アメリカに「培養されて」（元国務次官のウィリアム・キャッスルの日記にこの表現は出てくる）総理大臣になった岸信介は、韓国と国交を結ぼうと努力するが、李は自分が捏造した韓国戦勝国論に基づく権利を主張して譲らず、岸は話し合いの糸口すら見いだせなかった。[136]

　アメリカはこのような李を邪魔者だと考えるようになる。そして、李は六〇年大統領四選のために行った不正行為が民衆の暴動を招き、ついに失脚した。李はアメリカに亡命した。ところが、李がいなくなっても、韓国の政治は安定するどころか、一層混迷の度を深めていった。[137]

　このままでは、国の存立が危ういと六一年、朴正熙《パクチョンヒ》など青年将校がクーデターを起こし、軍事政権を樹立した。アメリカにとってこれは懸案事項を一気に解決する好機だった。そんなときＣＩＡと国務省は、児玉がきわめて強力な朝鮮コネクションを持っていることに気が付くのだ。

児玉は朴政権の恩人になった

児玉が韓国に対して強い影響力を持つのは次のような経緯からだった。六一年、クーデターに成功した朴は、アメリカは当然として、日本にも自らの政権の承認を求めるため自民党の大物たちに接触を試みた。だが、日本の政治家は様子見を決め込んで誰も会おうとはしなかった。そこで、朴は金鍾泌の部下、崔英澤《チョヨンテク》を日本に送って、児玉に接触させた。そして、児玉に当時の池田勇人首相に朴と会うように働きかけてもらった。池田は児玉が大野派と河野派の領袖大野伴睦と河野一郎に強い影響力を持っているのでこれを断れなかった。こうして池田―朴会談が実現し、朴は自らの軍事政権に対する日本の承認を取り付けることができた。児玉は朴に大いに恩を売った。[138]

児玉の朴政権に対する支援は、これだけにとどまらなかった。そしてその支援は彼の利権へとつながっていく。それを示すのが六三年五月二三日付のCIA文書だ。なお、空白となっている（　）の部分は、現在でも伏字のままになっている。

「1．六三年（　　　）は（　　　）と（　　　）に木下産商は児玉の利権に使われているといった。彼はなおもこのように付け加えた。木下産商は横浜造船の輸出代理店でインドネシアとさまざまな事業を行っている。また、社長の久保正雄（原文のママ）はスカルノ大統領と親しい関係だ。

2．児玉の朴―金ラインと日韓関係に対する利害を考えると、木下産商を金鍾泌《キムジョンピル》の代理である崔英澤がコミュニケーションのチャンネルとして使うのは当然だ。

3．東京に作戦本部をもつ金鍾泌、崔英澤、金商仁《キムサンイン》、呉定根《オジョングン》、安田商事の社長朴老鍾《パクノジョン》からなるグループはソウルの金鍾洛《キムジョンナク》、朴正熙と、児玉の関連会社をつうじて秘密の連絡をとっている。

4．木下産商は、東京都中央区宝町二丁目五にある大手商事会社でリオ・デ・ジャネイロ（これは金鍾泌にとって都合がいい）を含む世界の主要都市のほとんどに支店を持っている。（CIA）東京支局はこの会社について膨大なファイルを持っている」[139]

文中に出てくる木下産商は、岸と関係が深く、インドネシアに賠償として引き渡す一〇隻の船舶のうちの九隻を受注した会社だ。児玉がこの会社を利権につかったということは、児玉もまたインドネシアに対する賠償など、岸の東南アジア賠償に絡んでいたということを意味する。このことは岸の賠償利権に児玉も一枚噛んでいるだけでなく、そこで得られた資金が日韓国交正常化の裏工作に使われていたことをも暗示している。韓国との国交正常化は、日本の占領が終わったときからの課題で、いずれ賠償を行うことは認識されていたので、これら二社も以前から韓国に目を向けていたということだろう。
しかも、児玉の関連会社と木下産商は、この文書にもあるように、軍事政権に工作拠点とネットワークを提供している。というより、当時のKCIA部長金鍾泌にとって木下産商こそが自らの情報機関の対外工作本部のカヴァーだったのだ。そして、そうするうえで彼が頼ったのが児玉だった。

児玉が日韓国交正常化をリードした

朴政権は正式の外交ルート以外にもさまざまなルートで日本側に日韓国交正常化を働きかけていた。そのルートの主なものが次のような児玉と岸の二つのラインだった。

1　金鍾泌（KCIA部長）—丁一権《チョンイルゴン》（外務部長官）—伊関佑二郎（外務省高官）—児玉誉士夫—大野伴睦・河野一郎

2　李厚洛《イフラク》（大統領秘書室長）—金東祚《キムドンジョ》（外務次官）—岸信介—矢次一夫

矢次一夫は、児玉同様に戦後政界のフィクサーとして知られる。前掲のＣＩＡ文書は、これらのラインが資金面において互いに密接に絡みあっていたことを示している。ちなみに読売新聞記者の嶋本謙郎や渡邉恒雄は大野や児玉との関係から1のラインに入る。

単純化すれば、児玉ラインが強力に働き、さまざまな準備と下工作を重ねたあとで、岸ラインがこれに加わって、あるいはこれを引き取って、正式の外交的舞台を整えていったといえる。

実際、正式な予備交渉で大平外務大臣と折衝にあたったのは、韓国の外務部長官でも国務総理でもなく、ＫＣＩＡ部長の肩書を持つ金だった。

この金部長が表社会の岸や大平や外交関係者たちよりも先にアプローチしたのが、児玉だった。それは朴政権に真っ先に手を差し伸べたのが児玉であり、しかも彼が戦時中インテリジェンスの世界で大物だったからだ。戦前、戦中、占領期、戦後を通じて児玉は、中国と朝鮮半島のインテリジェンスに関わってきたのだから、金部長が吸い寄せられるのは自然なことだった。

それに、児玉は、大野や河野など大物政治家に働きかけることができた。もともと大野は在日朝鮮人に暴行を受け、歯をへし折られたことがあり、韓国に対して強い反感を持っていたが、児玉に説き伏せられ、宗旨替えをしている。[140] 児玉はさらに河野に強力に働きかけて、大野とおなじく賛成派に取り込むことに成功した。大野派と河野派の改宗がなければ、日韓国交正常化はもっと困難なものになっていたはずで、これは児玉の大きな功績だといえる。

二〇〇五年八月二六日に公開された韓国側の外交文書は、日韓国交正常化交渉のもっとも重要な場面でも児玉が活躍していたことを明らかにしている。

それによれば、六二年三月一三日に韓国側と接触した児玉は、「日本側は請求権1億ドルと無償援助2億ドルの計3億ドルにするだろう」とし、日本側が韓国の要求を6億ドルと見積もっていると伝えた。そのうえで「両国の中間の4億5千万ドルに会談代表の裁量分の5千万ドルを加え、日本側は最大5億ドルで結論を出す方針」とした。[141]

日韓は正面切って外交交渉すれば、必ず決裂する宿命にある。そこに民間人としていわばバッファー（緩衝剤）として間に入り、建前の陰にある本音を伝え、粘り強く調整につとめた児玉の役割は極めて大きい。

日韓国交正常化交渉は、児玉ラインが耕し、岸ラインがそこに種をまき、大平が実ったものを刈り取ったといえる。

児玉はどうCIAと関わっていたのか

日韓国交正常化は、日韓だけの問題ではなく、アメリカにとっても反共産主義戦線の強化という点からも重要だった。それは国交正常化だけでなく韓国が日本からも巨額の経済援助を受けられるようになるということも意味していたからだ。

実際、アメリカの願いどおり、国交正常化と同時に日本が韓国に与えた経済援助が呼び水となって、のちに「漢江《ハンガン》の奇跡」と呼ばれる経済発展が始まり、韓国は最貧国から経済大国へと成長を遂げていった。アメリカの経済援助に関する負担はかなり軽減された。CIAと国務省の幹部が児玉の偉業を称えた背景はこのようなものだった。

児玉はこの日韓基本条約締結後も、韓国政府と自由民主党有力議員とのあいだの重要なパイプ役であり続けた。実際、児玉は七一年に日韓親善に果たした功績が大きいとして韓国から修交勲章光化勲章を送られている。これは、日韓国交正常化のときの総理大臣佐藤栄作、外務大臣椎名悦三郎、日本経済団体連合会会長の植村甲午郎が受章したものと同じで、児玉が日本国内では彼らのような表社会での肩書を持っていないことを考えると、韓国がどれほど高く評価しているかがわかる。

ではこのような児玉にＣＩＡや国務省は秘密資金を与えていたのだろうか。

二〇一五年、毎日新聞の鈴木琢磨が神田の古本屋から興味深い写真アルバムがあるという知らせを受けた。それは六二年に児玉が日韓国交正常化の準備で韓国を訪れた際に撮られた写真を収めたものだった。[142] 鈴木はそれを筆者に見せるためにわざわざ研究室まで足を運んでくれた。私と鈴木が注目したのは、金浦空港について飛行機を降りてきた児玉と彼を出迎えた人々を撮った写真だ。そこには、アメリカ大使館関係者とおぼしき人物が写っていた。

児玉が日本の政治家や外交官ならば、これはなんら驚くべきことではない。だが、彼はそのどちらでもなく、むしろこういったエリートからは敬遠される存在だ。

それなのにこのような人物が顔を見せているということは、児玉の訪韓にアメリカも関与していたことを暗示している。だが、この後の写真では児玉と一緒に写っているのはみな韓国軍の関係者で、白人はまったく出てこない。また、この訪韓のことはＣＩＡ文書にはないので、これに関して児玉が資金を受け取ったということもないようだ。

この旅行だけでなく、児玉と韓国側は国交正常化交渉のなかで少額の金銭のやり取りをしているのだが、そこにＣＩＡなり国務省が関わっていたという事実は出てこない。

前に見たＣＩＡ文書が示しているように、児玉は岸とともに木下産商などを通じて、国交正常化ビジネスから利権を得ていたので、その必要もなかったということだろう。そもそも、児玉にとっての日韓国交正常化は、昔親身になって助けてくれた朝鮮人に対する恩返しであり、反共産主義体制の強化なので、金など目当てにしてはいなかったのだ。

とはいえ、岸や児玉が一枚嚙んでいる賠償ビジネスと国交正常化ビジネスはアメリカから得た借款などによって可能になったものなので、実質的にアメリカ政府が資金を出していたともいえる。

アメリカとしては、借款を与え、児玉と岸がそれを資金として日韓国交正常化ビジネスを展開し、それによって日韓国交正常化が成り、反共の防壁が強化され、自分たちも貸したお金を利子付きで返してもらい、彼らの懐も膨らむならば、願ったり叶ったりなのだ。

このような共存共栄の関係なので、わざわざ秘密資金を渡す必要はなかったと考えられる。後年ロッキード事件が起きたとき、児玉は大韓航空にも売り込みをかけ、手数料を得ていたことがわかったが、それは日韓国交正常化交渉での功績によって可能になったものだ。七六年一月二九日のCIA文書には、金大中拉致事件で日韓関係がもめたとき、当時幹事長だった中曾根が、児玉に解決策を授けてもらったと出てくる。これはロッキード事件発覚の直前のことだ。[143]

それでも問題は残った

児玉の活躍によって日韓国交正常化がなったあと五〇年たったが、いまも問題は残っている。

日韓基本条約を結ぶにあたって、朴正熙は、自国民を「賠償金」ならぬ「経済援助」で満足させなければならなかった。しかもその額は彼らから見れば、端金《はしたがね》であった。国民は、李のでっち上げを鵜呑みにし、韓国を「戦勝国」と考え、日本に国が傾くほどの賠償を求めていたのだから、これでは満足しない。[135]

したがって、現在でも韓国国民は、「漢江の奇跡」の元となり、現在の韓国の繁栄につながった日本の経済援助に感謝の気持ちを持っていない。だから、日本は植民地時代に犯した罪を十分償っていないと思うようになり、「従軍慰安婦」問題が生まれる心理的背景の一つとなっている。朝鮮人女性（もっともこの当時は彼女たちも「日本人」だったのだが）を「日本軍」が「強制連行」して「従軍慰安婦」にしたという記録はいくら探してもない。しかし、それは韓国国民にとっては重要なことではない。彼らにとっての問題は、自分たちは被害者としてもっと多くのものを日本から得るべきだったのに、当の日本は、朴大統領との間で話は付いた、だから満足しろという態度を取っていることだ。

韓国国民は、日本統治時代、日本人として戦争に参加したことを都合よく忘れている。先の戦争での罪は、すべて日本人のもので、現在韓国人になっている自分たちには関係がない、と考えたがる。だが、日本人が加害者だったのならば、当時日本人だった彼らも加害者だった、という事実を否定できない。そして日本人が敗戦国民ならば、彼らも敗戦国民なのだ。それを認めず自分たちを、加害者ではなく被害者とし、敗戦国民ではなく、戦勝国民とし、日本に賠償を求めるところに無理がある。

もう一つは竹島問題である。賠償問題に決着を付けるだけでも、内乱を覚悟するほどの難事なのに、このうえ国交正常化と経済援助と引き換えに竹島を日本に返すことなど朴にはできない話だった。だから彼は六五年にアメリカのディーン・ラスク国務長官に「竹島など爆破してなくしてしまいたい」とまでいっている。結局、ロー・ダニエルが

『竹島密約』で明らかにしているように、日韓は、竹島のことはお互いに触れないということで決着した。[144]

ところが、政権維持のために反日政策を打ちださなければならないという韓国政治の悪循環に歯止めがきかず、ついに、金泳三《キムヨンサム》政権のときにこの密約を破って、竹島を自国領土だという主張を始めた。李承晩ラインの設置が合法だといいきかされてきた韓国の国民は、この主張の正当性には一点の曇りもないと信じ切っている。一旦はじめたことはもはや引き返しができず、韓国政府は密約のことは重々承知のうえで開き直っている。これが、従軍慰安婦問題などにも波及し、ますます日本との交渉を難しくしている。

これらの問題は、李承晩というおよそ指導者に相応しくない人間を担いでアメリカが傀儡政権のトップに据えたこと、日本の敗戦後に続いた朝鮮半島での混乱のなかでしっかりとした民主主義を育て、事実を直視する歴史を教えてこなかったことが原因といえる。韓国国民は李のプロパガンダに惑わされ、誤った歴史認識を植えつけられ、自分の真の姿を見失った被害者ともいえる。

だが、戦後も七〇年になったのだから、韓国国民も、もう李の反日プロパガンダの呪縛から脱しなければならない時期に来ている。そうしなければ、日韓関係に明日は来ない。

第11章　尖閣諸島は間違いなく日本の領土である

尖閣諸島問題の起源

アメリカは、沖縄を日本に復帰させるにあたって次の二つの選択を求められた。尖閣諸島を沖縄の一部と認め、日本に復帰させるのか、それとも沖縄の一部とは認めず、保留し、帰属のことは日本と台湾の間の議論に任せるのか。ここにおいて、尖閣諸島の議論は、沖縄復帰と直接的に結びついていた。

テレビなどでは、尖閣諸島が一八九五年から日本領とされて、所有者もいることをしばしば指摘し、それをもって尖閣諸島が日本の領土だと報じている。だが、日本は第二次世界大戦に敗れてポツダム宣言を受諾し、さらにサンフランシスコ講和条約によって沖縄をアメリカの統治に委ねたのだから、沖縄復帰のときに、これらの島々が日本に復帰させるべき領土とされていなければ、それ以前の領有や所有の実態は、あまり意味を持たない。

したがって尖閣諸島をめぐる議論は、やはり沖縄復帰に関するものとして考えるべきである。そして、以下で見ていく文書の内容からしても、これは日本―アメリカ―台湾の間のものだったといえる。たしかに、中国も日本とアメリカが沖縄復帰で合意したあとの七〇年一二月三日（アメリカ時間）になって初めて尖閣諸島の領有権を主張しているが、これについてはアメリカはなんら考慮に値する根拠が挙げられていないと判断している。したがって、台湾の主張を退けることができれば、「尖閣諸島は台湾のものであり、台湾は中国のもので、したがって尖閣諸島は中国のものだ」という中国の三段論法も退けることができる。

台湾の歴史無視の主張

そこで、まず、台湾側が沖縄復帰のときにアメリカ側に対してどんな申し入れを行っていたのか、その主張の根拠がどのようなものだったのかを見てみよう。

そもそも尖閣諸島の領有をめぐる議論は、六八年に日本が領有権をアメリカに確認し、かつこの周辺で台湾漁民がしている不法行為（密漁や難破船の占拠など）を取り締まるよう琉球列島アメリカ民政府（沖縄を委任統治していたアメリカ軍政府）に強く要求したことから浮上した。[145]

このあとの六九年一一月二一日（アメリカ時間）に佐藤（栄作）―（リチャード・）ニクソン会談で沖縄復帰が合意された。この発表を受けて中華民国（以後台湾とする）がアメリカに対しこれらの島々を日本に復帰させるのを保留するよう求めた。この年の五月に国連アジア極東経済委員会（ＥＣＡＦＥ）が周辺の大陸棚に石油資源が埋蔵されている可能性が高いという海洋調査の結果を発表したこともこのような要請の動機だった。[146]

ではこのとき台湾はアメリカに対しどのような根拠でこのような申し入れを行ったのだろうか。それを示すのが、七一年三月一五日に駐米台湾大使周書楷がアメリカ国務省に赴き、口頭で台湾の尖閣諸島に対する要求を伝えたうえで手渡した文書（以下、尖閣文書）だ。以下はその要旨である。

（1）一五世紀の明の時代から琉球に冊封使を送っているが、その使節団の旅行記に特に釣魚台（魚釣島）、黄尾嶼（久場島）、赤尾嶼（大正島）の三島のことが詳しく記されている。その記述によれば、これらの島々は台湾と琉球の境界線と考えられてきた。

（2）釣魚台列嶼（尖閣諸島）の地質学的構造は台湾のものと似ていて、地理的にも台湾と隣接している。だが、沖縄からは二〇〇マイル以上も離れている。

（3）釣魚台列嶼は、長年に渡って台湾漁民の漁場だった。彼らはこれらの島を、嵐を避けるためや船や漁具を修理するために使ってきた。

（4）日本政府は釣魚台列嶼を一八九四年以前（つまり日清戦争以前）には沖縄県に編入していなかった。この編入は日清戦争のあと中国による台湾と澎湖島の割譲の結果（in the consequence of China's cession of Taiwan and the Pescadores to Japan）起こっている。

第二次世界大戦の終結以来、北緯二九度以南の島々は、サンフランシスコ講和条約第三条にしたがってアメリカの軍事的占領下に入り、そのなかに釣魚台列嶼も含まれていた。中華民国政府は、この地域の安全保障への配慮から、これまでアメリカの軍事的占領に異議を唱えなかった。だが、これは釣魚台列嶼が琉球の一部であることを中華民国政府が黙認したと解釈されるべきではない。さらに、国際法の原則によれば、一時的軍事占領は最終的主権の決定に影響を与えるものではない。（4）の傍線部は原文のまま）

これら歴史、地質、地理、使用実態、国際法上の理由により、釣魚台列嶼は台湾と関係が深く、台湾に付属する、あるいは帰属するものとして扱われるべきである。台湾も澎湖島も隣接する島々も第二次世界大戦後中華民国に返還されたが釣魚台列嶼が例外となっている。一九七二年にアメリカによる琉球諸島の占領が終結するにあたり、アメリカ政府は中華民国の釣魚台列嶼に対する主権を尊重し、これらの島々を中華民国のために留保すべきである。[147]

以上が、台湾がアメリカ政府に対して行った申し入れの要約である。筆者は、主旨を歪めるような夾雑物は一切入れていないし、日本側にとって不利な点を隠すこともしていない。したがって、この内容が理にかなっていないとすれば、台湾の領有権の主張そのものが理にかなっていないことになる。そして、この要約からも、これまで政府関係者やマスコミから私たちが知らされていた以上におかしなことを台湾が述べていたことがわかる。

台湾の主張のどこがおかしいか

（1）から見ていこう。たしかに琉球王朝は明朝以来、冊封体制（明や清の時代に琉球国王が中国皇帝に対し臣下の礼を執ることで王に封じられた体制）をとってきた。これはのちに周恩来もキッシンジャーとの会談で指摘することだ。だが冊封使の旅行記にしばしば登場し、彼らによって沖縄と台湾の境界線の島々だと考えられていたからといって、尖閣諸島が台湾の一部であるということにはならない。統治とも実効支配ともなんら関係がないからだ。

（2）は大陸棚条約などを意識したものだろうが、一八九五年以降日本が領有していた歴史的事実がある以上、地質学的に台湾に近似していても、地理的に台湾に近くても、それは主権とは関係のない議論だといわざるを得ない。

（3）も、これらの島々で嵐を避けたり、船や漁具を修理したりしたからといって（アメリカの沖縄統治時代のことをいっていると思われる）それが実効支配の実績とはならない。そもそも、日本はそれを不法行為として取り締まるよう琉球列島アメリカ民政府に再三要求している。実際、六八年の要求のあとは、台湾漁民は尖閣諸島周辺に入域する際、琉球列島アメリカ民政府の指定する手続きをとることになった。

（4）は日本が尖閣諸島を沖縄県に編入したのが、一八九五年で、日清戦争の最中だったということを突いている。だが、日清戦争を終結させた下関条約には、尖閣諸島を日本に割譲するとは記されていない。もし、割譲したのなら、カイロ宣言の条項（日本は台湾と澎湖島を中華民国に返還する）を履行すべしとしたポツダム宣言第八条に基づき、日本は尖閣諸島を、中華民国（つまり現在の台湾）に返還しなければならないが、そうではなかった。

尖閣諸島は日本が清から台湾の一部として割譲を受けて沖縄県に編入されたのではなく、日清戦争以前から実効支配していたものを日清戦争と同じ時期に沖縄県に編入したに過ぎない。

また、台湾側の言い方も微妙で「この編入は日清戦争のあと中国による台湾と澎湖島の割譲の結果（in the consequence of China's cession of Taiwan and the Pescadores to Japan）起こっている」と述べている。たとえば「尖閣諸島を含む台湾と澎湖島の割譲によって起こっている」などと表現することも可能なのだが、そうしてはいない。台湾側も尖閣諸島が割譲した領土のなかに入っていないことを意識している。

カイロ宣言とポツダム宣言の次に問題になるのは、アメリカが北緯二九度以南の南西諸島を委任統治すると規定したサンフランシスコ講和条約（五一年締結、五二年発効）の第三条だ。尖閣文書によれば、南西諸島とは、条約締結のときの日米の了解で、三九年の日本の地図で日本の領有となっているものをいい、これには沖縄の一部として尖閣諸島が明記されている。文書はまた、この講和条約を日米が結んでから七一年三月一五日になるまで、異議を唱えなかったことを台湾が自ら認めていることを明らかにしている。その理由を「この地域の安全保障への配慮から」と台湾は記している。

もっとわかりやすくいえば、中国の脅威があるので、アメリカに守ってもらったほうが安心だと思ったということだ。自分たちで守るつもりがなかったのだが、海底資源のことを知ったので、沖縄の日本への復帰の際に、日米両国に交渉を持ちかけようと決心したことになる。

要点を確認しよう。（a）台湾は一八九五年以降尖閣諸島が沖縄県の一部になったことを認識している。（b）一九四五年五月の沖縄戦のあとの軍事的占領に続いて、一九五一年のサンフランシスコ講和条約によって、北緯二九度線以南の南西諸島（三九年の日本の地図に基づく）が、アメリカの委任統治下に入ったときも、台湾は尖閣諸島がそこに含まれていることを知りつつ、異論を唱えなかった。

アメリカは調査の結果、尖閣を日本に帰属させた

アメリカの国務省は台湾の申し出をどう考えたのだろうか。それを示すのが、国務省東アジア課ウィンスロップ・ブラウンが作成して前駐日アメリカ大使アレクシス・ジョンソン（六六〜六九年まで在任）に渡した「尖閣諸島の地位に関係する出来事の年表」だ。[148] これは国務省がこの件に関して大量に保存していた文書の内容を要約し、時系列に並べたものだ。尖閣諸島に関する台湾の要求が周書楷大使からなされたとき、キッシンジャー大統領特別補佐官たちがこれに対処するために国務省から提供された。

そのなかにもやはり（a）、（b）が踏まえられるべき事実として挙げられている。つまり、尖閣諸島は一八九五年以降沖縄の一部であり、それを台湾も認めているということ、アメリカがサンフランシスコ講和条約第三条にしたがってこれらの島々を委任統治下においても、七一年までそれに異議を唱えなかったことだ。

特に（b）に関しては、五三年一二月二五日に琉球列島アメリカ民政府が布告第二七

号を出したときも台湾は異議を唱えなかったことも付け加えている。この布告は琉球列島アメリカ民政府の施政が及ぶ範囲を定めたもので、その範囲のなかに尖閣諸島も入っていた。台湾がこの布告二七号公布のときも異議を唱えなかったということは、七一年六月七日に特別補佐官の顧問格アレクサンダー・ヘイグがキッシンジャーに送った尖閣諸島に関するメモでも再び言及されるので、アメリカ側も重視していたことがわかる。

この他、この年表には、六九年一一月二一日（アメリカ時間）に佐藤―ニクソン会談で沖縄復帰に合意したあと、沖縄復帰に関して相談があってしかるべきだと台湾がアメリカ側に申し入れてきたが、このときも台湾は特に尖閣諸島のことは問題にしなかったという事実も指摘されている。

七〇年になって、尖閣諸島のことを問題にしはじめたときの台湾のアプローチも二段構えだった。つまり、最初から尖閣諸島に対する権利を主張するのではなく、とりあえずアメリカがこれらの島々を日本に復帰させるのを保留するように求め、それが実現したなら、そのあと日本と交渉しようとしていたということだ。

このような事実を踏まえて、七〇年九月一〇日、アメリカ国務省のスポークスマンは、記者団の質問に答える形で、「佐藤・ニクソン合意に沿って尖閣諸島を日本に復帰させる」と言明した。

台湾側の反発

これに反発した沈剣虹外交部次長が、同年九月一五日に台湾のアメリカ大使館を訪れ、大使ウォルター・P・マコノヒーに、尖閣諸島についてアメリカは何も声明を出さないようにと求めたが、このときも沈次長は、これらの島々に対する領有権の要求は口にしなかった。

翌一六日、今度はアメリカ国務省に駐米台湾大使周がやってきて尖閣諸島のことを口にしたとき、マーシャル・グリーン東アジア課長は、尖閣諸島は琉球諸島の一部であり、したがって日本に復帰させると断言している。ただし、一五日、一六日とも、アメリカは台湾と日本の間の論争に対してはいかなる立場もとらない、とも付け加えた。

しかし、この発言は、台湾を支持したものではなく、尖閣諸島は自分たちの手を離れるのだから、そのあと議論があるのならば当事者が話し合うべきで、そこにアメリカは関与しない、という当然のことをいっているにすぎない。

年表によれば、七一年二月になって台湾はようやく正式に尖閣諸島の領有権を主張している。保留を求めるという方針をやっと変えたのだ。そのあとの同年六月四日に、駐米台湾大使周が国務省にやってきて、グリーン課長に台湾と尖閣諸島の領有権について交渉するよう日本を説得してもらいたいと依頼している。

課長は「考えてみましょう」と外交官的返答をしている。ただし、ここにはカッコ付きの注釈がついていて、アメリカが尖閣諸島を沖縄の一部として日本に復帰させると言明したのだから、日本は交渉に応じないだろうと記している。事実、日本がこのことで台湾と交渉することはなかった。

尖閣諸島を守るのはアメリカではなく日本

以上明らかにしてきたように、一八九五年以来、日本は尖閣諸島に主権を持ち続けている。これらの島々を含めた沖縄は、アメリカによる軍事的占領と委任統治を受けたが、それは日本の主権に影響を与えるものではなかった。これに対して台湾の尖閣諸島の領有権を求める主張は、七一年二月に入ってなされるようになったもので、強い決意を伴ったものでも、十分な根拠に基づくものでもなかった。そして、アメリカもまた、それをしっかり認識していて、尖閣諸島を沖縄に含めて日本に復帰させている。

二〇一〇年一〇月二七日にアメリカ国務長官のヒラリー・クリントンは記者団の質問に次のように答えている。

「改めてはっきりいいたい。尖閣諸島は日米安全保障条約第五条の範囲に入る。日本国民を守る義務を重視している」

これはこの二〇日前に起こった中国漁船体当たり事件で日本のマスコミが騒然となっているさなかになされた発言だった。当時日本のマスメディアは、アメリカが日本支持を表明した心強い言葉として盛んに引用した。

これまで見てきた沖縄復帰のときのアメリカ―台湾のやりとりや、それを踏まえてアメリカが下した決定を見ると、なぜクリントン長官がこのような発言をしたのかよくわかる。アメリカはカイロ宣言とポツダム宣言にしたがって台湾と澎湖島を台湾政府に返還させた。したがって、日本が尖閣諸島を清から割譲させた、あるいは、日清戦争の勝利に乗じて強引に沖縄県に編入したとアメリカが判断したならば、沖縄復帰の際に日本にこれらの島々を放棄させるか、少なくとも復帰を保留することができた。だが、そうしなかった。クリントン国務長官も、この決定を踏まえて、尖閣諸島は日米安全保障条約第五条の適用を受ける日本の領土だと発言したのだ。

とはいえ、日本が何もしなくとも、アメリカ軍がこれらの島々を守ってくれるなどと期待してはならない。件の第五条は適用範囲を「日本国の施政の下にある領域」としているのだから尖閣諸島が日本の施政下にあると認められなくなれば、アメリカが守る義務はなくなる。また、この条項は共同防衛を規定したものなので、日本が戦わないならば、アメリカも戦う必要はない。

もっとも、こんな有事のことを想定するより、尖閣諸島に対する実効支配を強化することのほうが先だろう。日本のこれらの島々の領有をめぐる議論が繰り返されるのは、台湾や中国の強引な主張にというよりも、このように領有の正当性に一点の曇りもないにもかかわらず、日本の歴代政権がより明示的に実効支配を行ってこなかったことに原因がある。日本政府がこれらの島々に対してより明確な実効支配を行おうというなら、日本国民はこれを強く支持すべきだろう。そののち、どのように実効支配を強化すべきかについては活発な議論があってしかるべきだ。

あとがき

本を出したり、記事を書いたりするたび思うことだが、私のうろ覚えで書き散らしたものを、きちんと裏を取り、誤字脱字を直し、まともなものにしてくれる編集者や校正者がいなければ、私が書いたものが人の読めるようなものにはならなかっただろう。これまでも、何度も感謝してきたが、ここで改めて編集者諸氏、校正係諸氏にお礼を述べたい。ひとりひとり名前をあげるとかなり長くなるし、昨今名前をあげるとかえって迷惑がかかる場合があるので、個人名をあげることはひかえよう。

びっしりと余白にコメントや「直し」が書き込まれた校正ゲラが送られてきたとき感じるのは、自らのいい加減さのために迷惑をかけたことの申し訳なさと、ここまで徹底的にチェックするものか（疑うものか）という驚きと感動である。

二〇年以上も、地球を十何周もしながら、海外の公文書や図書館などで宝探しをして、何度か掘り当てる幸運に恵まれたが、それらがとんでもない思い違いやみっともない誤記などとないまぜになっていたのでは、九仞《きゅうじん》の功を一簣《いっき》に虧《か》くことになっていただろう。そうならなかったのは、私をアシストしてくれた方々のおかげである。

本の表紙にも背表紙にも、記事のタイトルの横にも、私の名前しかでてこないが、ここでこれらの方々の貢献がどれほど大きかったかを、感謝の気持ちとともに、ここに記しておきたい。

本書は海外の公文書館や図書館に行かなければ書けなかったものだが、そこに行くために、これまでどれほど大学の同僚教員や事務職員のお世話になり、家族などに迷惑をかけたか、肝に銘じつつ、終わることのない求道者としての旅を続けていきたい。

本書を「大東亜共栄圏」を信じて疑わず、シベリア抑留でもその信念を変えることがなかった満州開拓団員・有馬良一に捧げる。

二〇一六年六月一四日　オックスフォードにて

註釈

1 Joseph Nye, *Soft Power*（Public Affairs, 2004）p.107

2 General Order No. 183, Civel Information and Education Section, September 22, 1945, General Orders, AFPAC, August-September, SCAP Memos-General Orders, RG4, MacArthur Memorial Archives, Organization of Civil Information and Education Section, CIE（C）00007-10

3 Basic Initial Post Surrender Directive to Supreme Commander for the Allied Powers for the Occupation and Control of Japan（JCS 1380/15）, November 1,1945, GHQ/SCAP Records, Top Secret Records of Various Sections, Administrative Division, box GS-1, RG 331.

4 Memorandum, December 21, 1945, Civil Information & Education Section Administrative Division Confidential Decimal Decimal File 1945-52, box5096.

5 http://kindai.ndl.go.jp/info:ndljp/pid/1042022

6 Proposed War Guilt Information Program（Third Phase）, March 3, 1948, Civil Information & Education Section Administrative Division Decimal File 1945-52, box 5096, RG331

7 Political, Far Eastern, China, 1696-1831, 1939, FO 371, National Archives London.

8 ボリス・スラヴィンスキー、加藤幸廣訳『日ソ戦争への道』（共同通信社、一九九九年）一二五―一二九頁

9 南京戦史編集委員会編『南京戦史資料集』（偕行社、一九八九年）五五〇頁

10 稲葉正夫編『岡村寧次大将資料（上）戦場回想篇』（原書房、一九七〇年）二九〇―二九一頁

11 William Donovan to the President, November 13, 1941, OSS Withdrawn Records. COIは一九四一年七月一一

日に大統領直属の情報機関として設立され、一九四二年六月一三日にＯＳＳ（the Office of Strategic Services）となる。ともに長官はルーズヴェルト大統領とコロンビア大学法学院時代に同級生だったウィリアム・ドノヴァン。
https://www.cia.gov/library/center-for-the-study-of-intelligence/csi-publications/books-and-monographs/oss/art03.htm

12 Henry L. Stimson, *Diaries*, Yale University Manuscripts and Archives, New Haven, 1973, Reel 7, vol. 36.

13 東郷茂徳『時代の一面』（中公文庫、一九八九年）三七二—三七五頁

14 Hearings before the Joint Committee on the Investigation of the Pearl Harbor Attack, Congress of the United States, Seventy-ninth Congress（Washington DC, 1946）, part14, p.1405.

15 デイヴィッド・カーン、秦郁彦、関野英夫訳『暗号戦争』（ハヤカワ文庫、一九七八年）七七頁

16 Ronald Lewin, *The American Magic*（Farrar Straus Giroux, 1981）pp.75-78.
R. J. C. Butow,"How Roosevelt Attacked Japan at Pearl Harbor : Myth Masquerading as History", http://www.archives.gov/publications/prologue/1996/fall/butow.html

17 An Interview with Captain Henri Harold Smith-Hutton, Henri Harold Smith-Hutton papers, box 1（Stanford University, Herbert Hoover Institute）.

18 United States Department of State, Foreign Relations of the United States. Conferences at Malta and Yalta, 1945. 以下 Yalta Conference とする。 Highlight of Yalta Papers and Related Data, Com. Foreign Relations General 1955-1956, Karl Mundt Papers, RG III, DB 481 2. 以下 Yalta Papers とする。

19 Yalta Papers, pp.9-10.

20 Pre-conference documents, Yalta Conference, pp. 1-455, The Yalta Conference, Yalta Papers, p.8.

21 Winston Churchill's Memorandum, October 9, 1944, Spheres of influence in Balkans, PREM 3/66/7, National Archives London.

22 Pre-conference documents, Yalta Conference, pp. 1-455, Yalta Papers, p.8.

23 Roosevelt-Stalin Meeting, February 4, The Yalta Conference, p.571

24 Roosevelt-Stalin Meeting, February 4, The Yalta Conference, pp.572-573, 616-617

25 Log of the Trip, The Yalta Conference, p.552, Yalta Papers, pp.4-3,35, 43-44

26 次の引用も含めてThe Ambassador in the Soviet Union（Averell Harriman）to the President, Moscow, 10 October 1944, Pre-conference documents, pp.362-363.

27 次の引用も含めてThe Ambassador in the Soviet Union（Averell Harriman）to the President, Moscow, 10 October 1944, Pre-conference documents, pp.366-369.

28 The Ambassador in the Soviet Union to the President, Moscow, 15 December 1944, Pre-conference documents, pp.378-379,

29 Memorandum of the Division of Territorial Studies; Japan ; Territorial Problems ; The Kurile Islands, 28 December, 1944, Pre-conference documents, pp. 378-379.

30 Memorandum by the Joint Staff Planners, 7 February 1945, The Yalta Conference, pp.763-766, https://history.state.gov/milestones/1937-1945/tehran-conf

31 The Commanding General, United States Military Mission in the Soviet Union, to the Joint Chiefs of Staff, Moscow, 17 October, 1944, Pre-conference documents, pp.371-374.

32 Roosevelt-Stalin Meeting, 8 February 1945, Bohlen Minutes, The Yalta Conference, p.768.

33 Yalta Papers, pp.4-3, 35, 43-44.
34 以上の記述の出典は以下の通り。Christopher Andrew, The Sword and the Shield ; *The Mitrokhin Archive and the Secret History of KGB*（Basic Books, 1999）pp.104-107 ; 132-134, Tony Sharp, *Stalin's American Spy*（Hurst, 2014）pp.43-50.
35 Negotiations and Recommendations on Principal Subjects, Editorial Note, Pre-conference documents, pp.41-43.
36 ウィンストン・チャーチル、毎日新聞翻訳委員会訳『第二次大戦回顧録』第二三巻（毎日新聞社、一九五五年）一〇〇頁
37 Yalta Papers, p.39.
38 渡辺国武「『南樺太返還期成同盟』という運動が存在した―講演と資料『樺太返還問題と国際関係』」『別冊正論25号』（産経新聞社、二〇一五年一一月）
39 詳しくは有馬哲夫『CIAと戦後日本』（平凡社新書、二〇一〇年）七八―八〇頁参照。
40 http://www.ndl.go.jp/constitution/etc/j06.html
41 *Foreign Relations of the United States,* The Conference at Washington 1941-1942 and Casablanca 1943, The Casablanca Conference, pp.383-385.
42 *The New York Times,* April 17, 1945.
43 有馬哲夫『「スイス諜報網」の日米終戦工作』（新潮選書、二〇一五年）第六章「グルーの対トルーマン工作」参照。
44 William D. Leahy Papers, Diaries 1893-1956, box6（Manuscript Division, Library of Congress, Washington DC, USA）. 以下リーヒの日記からの引用は特に断りがないかぎり、この資料からのもの。

45 Joseph C. Grew, *Turblent Era*（Houghton Miffin, 1952）pp.1458-1459 ; May 15, Minutes of Meetings, Committee of Three, Formerly Top Secret Correspondence of Secretary of War Stimson（"Safe"File）, July, 1940-September, 1945, box 3, Entry99, RG 107（National Archives II, College Park, USA）

46 Len Giovannitti and Fred Freed, *The Decision to Drop the Bomb,*（Coward-McCann, 1965）pp. 92.

47 Len Giovannitti and Fred Freed, pp. 92-93.

48 Diaries of John J. McCloy, Memorandum of Conversation with General Marshall and the Secretary of War, May 29, 1945, DY1, McCloy Papers, Amherst College Archives, "The A-bomb and American Foreign Policy", January 12, 1960, box 1, Eugene Dooman Papers.

49 James Reston Jr., *Deadline*（Random House, 1991）p.449.

50 The Secretary of War（Stimson）to the President, July 2, 1945, the Conference of Berlin（the Potsdam Conference）vol. I, *Foreign Relations of the United States,*（United States Government Printing, 1955）pp.889-892 以下 Potsdam, FRUS とする。

51 Minutes of the 133d Meeting of the Secretary's Staff Committee, July 7, 1945, Potsdam, FRUS, vol., I, pp.900-901, Potsdam, FRUS, vol.I, pp.897-899.

52 詳しくは拙著『「スイス諜報網」の日米終戦工作』二四四―二四五頁参照。

53 佐藤元英、黒沢文貴編『ＧＨＱ歴史課陳述録―終戦史資料（上）』（原書房、二〇〇二年）四四―四五頁

54 Cordell Hull, *Memoire of Cordell Hull,* Vol. II（Hodder & Stoughton, 1948）p.1570.

55 William Daniel Leahy, *I was There*（Wittlesey House,1950）p.145.

56 Ernest J. King, *Fleet Admiral King*（Da Capo, 1976）p.425.

57 Memorandum by the Secretary of State the President, 14 January 1944, FRUS Diplomatic Papers, General (1944) p.493.

58 Memorandum by President Roosevelt to the Secretary of State, 17 January 1944, FRUS Diplomatic Papers, General (1944) p.493.

59 William D. Leahy Papers, Diaries 1893-1956, box6 (Manuscript Division, Library of Congress, Washington DC, USA).

60 Statement by President, May 8, 1945, Confidential File, White House Central Files, Harry S. Truman Papers (Harry S. Truman Library, Independence MO, USA).

61 木戸幸一『木戸幸一日記　下巻』（東京大学出版会、一九六六年）一二〇八―一二〇九頁

62 Ellis M. Zacharias, *Secret Missions* (Naval Institute Press, 2003) p.420.

63 外務省編『終戦史録４』（北洋社、一九七七年）一五頁

64『時代の一面』五〇五頁

65『終戦史録５』五八―五九頁

66 Walter Brown Diary, August 10, 1945, Potsdam Folder, 602, Byrnes Papers, Clemson University.
『終戦史録４』一一一〇―一一一八頁

67 http://blog.livedoor.jp/takosaburou/archives/50752611.html

68 Henry L. Stimson."The Decision to Use the Atomic Bomb", Harper's Magazine (Feburuary, 1947) pp.97-107.

69 http://www.theatlantic.com/magazine/archive/1946/12/if-the-atomic-bomb-had-not-been-used/376238/

70 Joseph Grew to Henry Stimson, February 12, 1947, Eugene H. Dooman Papers, box1 (Herbert Hoover Institute,

Stanford University).

71 Len Giovannitti and Fred Freed, pp.92-97. なお、この著書を書くにあたってジョヴァニッティはドゥーマンと会い、手紙のやり取りをしている。

72 Henry Stimson to Joseph Grew, June 19, 1947, Dooman Papers, box1. なお引用文中の「回顧録」とは下記の著書を指す。Henry L. Stimson and McGeorge Bundy, *On Active Service in Peace & War* (Herper and Brothers, 1948).

73 Grew to Dooman, June 26, 1947, Dooman Papers, box1.

74 Dooman to Grew, June 30, 1947, Dooman Papres, box1.

75「木戸内府の時局収拾対策起草と同内府の積極的活動」及び「天皇の終戦方策推進方に関するご指示」外務省編『終戦史録3』八九―一一三頁参照。

76 *Tubulent Era,* pp.1458-1459 ; June 18, 1945, Minutes of Meetings, Committee of Three, Formerly Top Secret Correspondence of Secretary of War Stimson (“Safe”File) July 1940 - September, 1945, box 3, Entry 99, RG 107.

77 *On Active Service in Peace and War,* pp,628-632.

78 *On Active Service in Peace and War,* pp620-624.

79 Grew to Dooman, April 10, 1948, Dooman Papers.box1.

80 *On Active Service in Peace and War,* p629.

81 Dooman to Grew, April 12, 1948, Dooman Papers, box1.

82 *Turbulent Era* pp.1428-1431, 1434-1436.

83 Grew to Walter Johnson, October 7, 1949, Walter Johnson Papers, Archives, and Manuscripts Department, University of Hawaii at Manoa Library (Honolulu, HI).

84 Sig Mickelson, *America's Other Voice* (Praeger, 1983) pp.18-22.

85 Eugene Hoffman Dooman, Occupation of Japan, Columbia University Oral History Project, III.

86 Eugene H. Dooman, Occupation of Japan, Oral History Reseach Office, Columbia University 1973, Dooman Papeers, box2,pp.13-17 この回顧録は註の73に上げたものの追補である。前のものと区別するため Occupation of Japan 2とする。

87 Occupation of Japan2, p.28.

88 一九四五年六月下旬には皇室維持条項を対日宣言に入れないことで政府内で決着していたのを七月二日の対日最後通告案作成のときに再び復活させたのはスティムソンだった。このとき、グルーやドゥーマンは国務省内における事情から、心ならずも皇室維持条項を入れない案を提出した。長谷川毅『暗闘』（中央公論新社、二〇〇六年）一九一—一九七頁参照。

89 Henry Lewis Stimson papers, 1846-1966, box 77. Manuscripts & Archives (Yale University).

90 Henry Lewis Stimson papers, 1846-1966, box 77.

91 Henry Lewis Stimson papers, 1846-1966, box 77.

92「久間氏が発言〈原爆投下しょうがない〉ソ連参戦阻止と見解」『長崎新聞』二〇〇七年七月一日

93 寺崎英成、マリコ・テラサキ・ミラー『昭和天皇独白録』（文春文庫、一九九五年）一五一頁

94 国立国会図書館デジタルコレクション『國體の本義』http://dl.ndl.go.jp/infondljp/pid/1156186

95 H・J・ワンダーリック、土持ゲーリー法一訳『占領下日本の教科書改革』（玉川大学出版部、一九九八年）一三七—一四一頁

96 NHK国際放送ラジオ・ジャパン『終戦の条件を探れ』、一九九一年八月一五日放送。

97 加瀬俊一『日本がはじめて敗れた日』（山手書房、一九八三年）二四四―二四六頁

98 Reaction : From Japanese Interviewed, After Surrender, Bonner Fellers Papars. box39, Herbert Hoover Institution Archives.

99『昭和天皇実録』第二十九巻九三頁、第三一巻四五、一二五頁、第三四巻一七、二七、三一、三八、一〇九頁

100「バチカン工作」原田公使発東郷外務大臣宛六月三日発六月五日『大東亜戦争関係一件「スウェーデン」、「スイス」、「バチカン」等ニ於ケル終戦工作』一―七頁、Alleged Japanese Peace Feelers, Memorandum of Information for the Chief of Joint Chiefs of Staff, May 12, Portgul-Possible Japanese Peace Feelers, Memorandum of Information for the Chief of Joint Chiefs of Staff, June 1, 1945, May 31,Washington Director's Office, Records of OSS, MI642, RG 226 (National Archives II, USA). 以下、最後のものはMI642とする。なお、スウェーデンでOSSの協力者エリック・エリクソンとの接触を報告したのは五月一七日、「バッゲ」工作について電報をやり取りしたのは五月一〇日のことである。『終戦工作の記録（下）』二六八頁

101『木戸幸一日記　下巻』（東京大学出版会、一九六六年）一二〇九頁。この事情は東郷茂徳『時代の一面』四七六頁が説明している。

102『時代の一面』（中公文庫、一九八九年）四七五―四七八頁

103 Allen Dulles to William Donovan, May 12, 1945, Records of the OSS, Washington Directors Office, MI642.

104「瑞西における〈ダレス〉工作　加瀬俊一公使等による」「瑞西におけるダレス工作」『大東亜戦争関係一件「スウェーデン」、「スイス」、「バチカン」等に於ける終戦工作』（東京　外交史料館）一二―一九頁、三三―三六頁

105 保科善四郎『大東亜戦争秘史―失われた和平工作』（原書房、一九七五年）一三六頁

106 高木惣吉『太平洋戦争―私観』（文藝春秋、一九六九年）二八五頁、『終戦史録4』四―五頁

107 『終戦史録4』三五—三六頁
108 『終戦工作の記録　下』三三四頁
109 『大東亜戦争秘史』一四〇—一四一頁、『終戦史録4』一二九—一三二頁
110 『GHQ歴史課陳述録　上』四四—四五頁
111 大本営陸軍部戦争指導班原稿、軍事史学会編『機密戦争日誌　下』（錦正社、一九九八年）七五七頁
112 『終戦史録5』九—一一頁
113 『木戸幸一日記　下巻』、一一三〇—一一三一頁
114 Diaoyu Islands Belong to China, New York Times, Washington Post, September 28, 2012.
115 Draft of Communiqué (November 25, 1943) FRUS, The Conferences at Cairo and Tehran 1943, the First Cairo Conference, pp.401-404.
116 http://www.jacar.go.jp/DAS/meta/listPhoto?IS_STYLE=default&REFCODE=A03020213100&TYPE=jpeg
117 James Chace, *Acheson : The Secretary of State Who Created the American World*, 1998 (Harvard University, 1998) pp.219-22, 285-286.
118 Message Incoming, General Headquarters, Far East Command ,1949-1952, the Department of War, RG9 (The MacArthur Memorial Archives and Library, Norfork) この資料は私がコピーを取ったときは未整理の状態だった。
119 SCAP, GHEFC - State Department, January 24, 1950, Message Incomminng.
120 State Department - GHFEC, January 15, 1950, Message Incoming.
121 Far East Situation, GHFEC, November 3, 1950, Message Incoming.
122 Far East Situation, GHFEC, March 2, 1951, Message Incoming.

123 Far East Situation, Indo-China, GHFEC-Department of State, March 22, 1951, Message Incoming.
124 Political, SCAP, GHFEC-Department of State, December 11, 1951, Message Incoming.
125 Far East Situation, Indo-China, GHFEC-Department of State, July 26, 1950, Message Incoming.
126 Far East Situation, Indo-China, GHFEC-Department of State, December 10, 1950, Message Incoming.
127 Far East Situation, GHFEC-Department of State, September 13, 1950, Message Incoming.
128 Acheson, pp.299-300.
129 Confidential Memorandum Concerning A Project to Strengthen the Free World's Influence in the Japanese Political Situation by Ruth Sheldon Knowles, 23 February, 1964, RG263, Second Release of Name Files Under the Nazi War Crimes and Japanese Imperial Government Disclosure Acts, 1946-2003, *ZZ*-18, Kodama Yoshio, box 67, NARA, Archive II 以下、Kodama File とする。
130 Project to Invite Kodama Yoshio to U.S., 20 March, 1964, Kodama File.
131 詳しくは拙著『児玉誉士夫　巨魁の昭和史』（文春新書、二〇一三年）第5章「『CIAスパイ説』の真相」に譲る。
132 『児玉誉士夫』第1、2章参照。
133 Contribution of Funds from Japanese Rightist Kodama Yoshio to ROK International Affairs Research Institute Chairman OM Yo-sop, Late December, 1946, Kodama File.
134 ロー・ダニエル『竹島密約』（草思社、二〇〇八年）二九―三〇頁
135 イ・インソク、チョン・ヘンニョル、パク・チュンヒョン、パク・ポミ、キム・サンギュ、イム・ヘンマン、三橋広夫・三橋尚子訳『検定版　韓国の歴史教科書―高等学校韓国史（世界の歴史教科書シリーズ39）』（明石書店、二

〇一三年）二八六、三一〇―三一四、三五一―三五二頁

136 Diaries of William Castle 1878-1963, vol.60,p.71, msam 2021（Harvard University, Houghton Library, Cambridge, MA）

137 李鍾元「李承晩政権とアメリカ」『アメリカ研究』第三〇号（アメリカ学会、一九九六年）八五―九〇頁

138 Kodama Yoshio, Biodate, 25 March,1969, Kodama File.

139 Classified Message, 6 February, 1962, Kodama Yoshio Relationship with Kinoshita and Company, Ltd, 23 May, 1963, Kodama File.

140 児玉誉士夫『生ぐさ太公望』（廣済堂出版、一九七五年）二八〇頁

141「大物右翼、故児玉誉士夫氏が暗躍　交渉戦略を熟知、韓国側に助言も　日韓会談文書公開」朝日新聞、二〇〇五年八月二七日付朝刊

142「日韓黒幕のアルバム発見　国交50年、児玉誉士夫氏が残した2冊　ＫＣＩＡトップと『前祝い』／ちらつく米国の影」毎日新聞、二〇一五年六月二二日付夕刊。

143 Kodama Yoshio, Biodata, January 29, 1976, Kodama File.

144『竹島密約』一一八頁

145「台湾人侵入で米琉合同調査」読売新聞、一九六八年八月一四日付朝刊、「台湾漁民　沖縄の離島を荒す　抗議のききめさっぱり」読売新聞、一九六八年七月一八日付夕刊「不法入域取締りたい　沖縄の尖閣諸島　米民政官が提案」朝日新聞、一九六八年九月六日付朝刊

146「沖縄の海洋資源調査いよいよ本格化」読売新聞、一九六九年六月一七日付朝刊、「尖閣群島周辺の海底油田　国府も発言権主張？」読売新聞、一九六九年七月一九日付朝刊、「尖閣列島へ海底油田調査団　総理府」朝日新聞、一

九六九年六月二日付夕刊、「尖閣列島油田の探査　国府、米社に許可　外務省抗議『国際法に違反』」朝日新聞、一九七〇年八月一一日付朝刊、「駐日米大使館の発言を非難　国府立法・監察両院」朝日新聞、一九七〇年八月一四日付朝刊

147 Chinese Claim to Senkaku Islets, March 15, 1971, Country Files Far-East, Henry A. Kissinger Office Files, National Security Council Files (Richard Nixon Presidential Library,Yorba Linda, CA).

148 Chronology of Events Relating to Status of the Senkaku Islands, June 7, 1971, Country Files Far-East, Henry A. Kissinger Office Files.

初出について

本書は国立国会図書館、外務省外交史料館、アメリカ国立第二公文書館、イギリス国立公文書館、ハリー・S・トルーマン大統領図書館、リチャード・ニクソン大統領図書館、プリンストン大学シーリー・マッド図書館、スタンフォード大学ハーバート・フーヴァー研究所、サウス・ダコタ大学カール・ムント記念図書館、ダグラス・マッカーサー記念アーカイヴズで収集した第一次資料に基づいて二〇一〇年から二〇一六年まで『新潮45』、『正論』、『Voice』、『SAPIO』に発表した論文をもとに加筆、修正を加えたものだ。原型となる論文の初出は以下のとおり。

第1章　「米中プロパガンダとしての『南京事件』」、『別冊正論26号』、産経新聞社、二〇一六年三月

第2章　「機密文書が裏付ける『ルーズヴェルトの陰謀』」、『新潮45』、新潮社、二〇一四年二月号（加筆して『歴史とプロパガンダ』〔PHP研究所、二〇一五年〕第一章「偽りのリメンバー・パールハーバー」となっている）

第3章　「スキャンダラスなヤルタ会議前編」、「スキャンダラスなヤルタ会議後編」、『Voice』、PHP研究所、二〇一四年八、九月号（加筆して『歴史とプロパガンダ』〔PHP研究所、二〇一五年〕第二章「スキャンダラスなヤルタ会議」となっている）

第4章　「ヤルタ会議の闇」、『新潮45』、新潮社、二〇一五年二月号
「米英ソ『ヤルタ密約』によって奪われた北方領土はただちに返還されるべきだ」、『SAPI

O』、小学館、二〇一五年九月号

初出について

第5章　「露の樺太・千島・四島占拠は侵略だ」、『別冊正論25号』、産経新聞社、二〇一五年一一月

第6章　「北方領土をソ連に渡した男　アルジャー・ヒス」、『SAPIO』、小学館、二〇一六年三月号

第7章　「ポツダム宣言は日本の罪を問うていない」、『Voice』、PHP研究所、二〇一五年九月号

第8章　「日本は『無条件降伏』はしていない」、『新潮45』、新潮社、二〇一五年七月号

第9章　「やはり原爆投下は必要なかった」、『正論』、産経新聞社、二〇一〇年一〇月号（加筆して『歴史とプロパガンダ』〔PHP研究所、二〇一五年〕第三章「原爆投下は必要なかった」となっている）

第10章　「御聖断のインテリジェンス」、『正論』、産経新聞社、二〇一五年八月号

「アメリカ機密文書が語る中国共産党『侵略のDNA』」、『正論』、産経新聞社、二〇一四年五月号（加筆して『歴史とプロパガンダ』〔PHP研究所、二〇一五年〕第五章「国家誕生と同時に始まった中国の侵略」となっている）

『児玉誉士夫　巨魁の昭和史』（文春新書、二〇一三年）第9章「外交交渉と利権のはざまで――安保改定の黒子から日韓国交正常化の立役者へ」の一部をもとに改筆

第11章　「『キッシンジャー文書』の中の尖閣」『正論』、産経新聞社、二〇一二年九月号（これに、以下のものを加えて加筆したものが『歴史とプロパガンダ』〔PHP研究所、二〇一五年〕第六章「米中・日中国交正常化と尖閣列島」となっている）。

「日中・米中国交回復の中の尖閣」、『正論』、産経新聞社、二〇一二年一二月号

「『沖縄も中国領だ』と周恩来は考えていた」『新潮45』、新潮社、二〇一三年二月号

有馬哲夫　1953（昭和28）年生まれ。早稲田大学教授（メディア論）。著書に『原発・正力・CIA　機密文書で読む昭和裏面史』『大本営参謀は戦後何と戦ったのか』など。

Ⓢ新潮新書

682

歴史問題《れきしもんだい》の正解《せいかい》

著　者　有馬哲夫《ありまてつお》

2016年8月20日　発行

発行者　佐　藤　隆　信

発行所　株式会社新潮社

〒162-8711　東京都新宿区矢来町71番地
編集部(03)3266-5430　読者係(03)3266-5111
http://www.shinchosha.co.jp

印刷所　二光印刷株式会社

製本所　株式会社大進堂

© Tetsuo Arima 2016, Printed in Japan

乱丁・落丁本は、ご面倒ですが
小社読者係宛お送りください。
送料小社負担にてお取替えいたします。

ISBN978-4-10-610682-8 C0221

価格はカバーに表示してあります。

Ⓢ新潮新書

005
武士の家計簿
「加賀藩御算用者」の幕末維新
磯田道史
初めて発見された詳細な記録から浮かび上がる幕末武士の暮らし。江戸時代に対する通念が覆されるばかりか、まったく違った「日本の近代」が見えてくる。

125
あの戦争は何だったのか
大人のための歴史教科書
保阪正康
戦後六十年の間、太平洋戦争は様々に語られてきた。だが、本当に全体像を明確に捉えたものがあったといえるだろうか――。戦争のことを知らなければ、本当の平和は語れない。

249
原発・正力・ＣＩＡ
機密文書で読む昭和裏面史
有馬哲夫
日本で反米・反核世論が盛り上がる一九五〇年代。ＣＩＡは正力松太郎・讀賣新聞社主と共に情報戦を展開する。巨大メディアを巻き込んだ情報戦の全貌が明らかに！

400
大本営参謀は戦後何と戦ったのか
有馬哲夫
国防軍創設、吉田茂暗殺、対中ソ工作……。大本営参謀たちは戦後すぐに情報・工作の私的機関を設立し、インテリジェンス戦争に乗り出した。驚愕の昭和裏面史。

642
毛沢東
日本軍と共謀した男
遠藤誉
「私は皇軍に感謝している」――。日中戦争の時期、毛沢東の基本戦略は、日本と共謀して蔣介石の国民党を潰すことだった。中国共産党が決して触れない「建国の父」の不都合な真実。